보이는 대로
말하는 대로
당신이 된다

보이는 대로 말하는 대로 당신이 된다

성공하는 사람들의 이미지&스피치 전략

구재희, 이은경 지음

나는 누구일까?

나는 누구일까?

나는 다른 사람에게 어떤 모습으로 보일까?

당신은 어떤 사람입니까?

나는 누구일까?

이 질문에 여러분들은 대답할 수 있나요?
나는 누구인지, 나는 타인에게 어떤 모습으로 보일지는
인간이라면 누구나 끊임없이 생각하는 궁금증입니다.
인류의 숙제이기도 하지요.

제가 이 질문에 답을 드릴 순 없지만
당신이 보이고자 하는 모습으로
당신이 선호하는 모습으로
'이미지 메이킹'을 하는 것은 가능합니다.

신뢰감 있는 은행원으로
밝고 힘찬 신입사원으로
아이디어 넘치는 마케터로
자상한 리더로
매력 있는 사람으로

당신이 원하는 모습으로 스스로의 이미지를 관리하는 방법을
지금부터 이 책을 통해 공개합니다.

드라마를 보면 가끔 주인공이

"나다운 것이 뭔데!"

"나답게 행동하라니!"

이런 류의 대사를 하곤 하지요.

그렇습니다.

나다운 것은 뭘까요?

도대체 사람들은 '나'를 어떻게 바라보고 있을까요?

이 모든 궁금증을 풀기 전에!

"이미지 관리가 중요하다", "이미지 메이킹을 해야 한다"는 말을

많이 들어봤을 텐데요.

그 중요하다는 '이미지'

그것은 무엇일까요?

관련 있는 이미지끼리 연결해보세요.

①

ⓐ

②

ⓑ

③

ⓒ

④

ⓓ

정답 : ①-ⓓ, ②-ⓒ, ③-ⓐ, ④-ⓑ

이미지를 만들어간다는 것의 의미

국어사전에 정의된 바에 따르면, 이미지란
"어떤 사물로부터 받는 느낌. 심상, 영상, 인상"
이라고 합니다.

이미지 메이킹 분야에서 말하는 이미지의 정의는
첫인상/ 매력/ 시각적 이미지로 통하곤 하지요.

방금 전, 우리는 관련 있는 이미지끼리 연결을 해보았습니다.
우리는 '007'이란 숫자를 보았을 뿐인데
영화 속 '007 제임스 본드'의 이미지를 떠올리고,
'유리구두'를 보면 '신데렐라'를,
유명 팝 밴드 '비틀즈'를 보면 그들이 애비로드의 횡단보도를 걷는
이미지를 떠올리곤 합니다.
이렇게 A라는 이미지를 보고 B를 떠올리는 것을 이미지라 하며,
이는 사람에게도 적용됩니다.

잠깐 '사과'의 이미지를 떠올려 볼까요?
다양한 이미지가 떠오르진 않나요?

d

SNOW
WHITE
SEVEN
DWARFS

"A Sure Shot
to Finest Quality"
William Tell
APPLES
R.N. BARBER & Co. Waynesville, N.C.

어떤 이는 한 입 문 사과를 로고로 하는 '애플'을 떠올릴 것이고
또 어떤 이는 뉴턴의 사과, 아담의 사과, 백설공주의 사과,
세잔의 사과 등을 떠올릴 것입니다.

하나의 사과를 보고도
이렇게 다양한 이미지를 떠올리듯이
사람 또한 마찬가지입니다.

즉 타인을 보고 어떤 이미지를 떠올리게 되며,
그 중복적 이미지가 다르게 떠오르는 것이지요.
또 애플의 로고처럼 원하는 방향으로
'어떤 느낌(?)'을 만들어낼 수도 있습니다.

이렇게 원하는 방향, 선호하는 방향으로 이미지를 만들어가는 것을
우리는 바로 '이미지 연출Image making'이라고 합니다.

내가 생각하는 나의 이미지는?

개인 이미지는 크게 네 종류로 나눌 수 있습니다.

실제적 이미지Actual self Image는 실제로 자신이 가지고 있는 이미지로, 이때의 이미지는 자신이 생각하는 스스로의 이미지인,
이상적 이미지Ideal Self Image와 다를 수 있습니다. 이런 분들을 조언을 하거나 컨설팅하다 보면 이미지 메이킹 과정이 꽤 오래 걸리는데요. 자신이 실제 가진 이미지를 인정하지 못하고 '이상적 이미지'를 자신의 이미지로 '착각'하고 있기 때문이지요.

면경적 이미지Looking Glass Self Image란 타인에게 보이고 싶은 이미지입니다.
상황적 이미지Situational Self Image는 특정한 상황 내에서 타인이 자신에 대해 생각하길 바라는 이미지를 말합니다. 역할에 따라 다른 이미지로 보이고 싶어하는 상황으로 생각하면 이해하기가 쉽습니다.

정리하자면,
일반적으로 대부분의 사람들은 다양한 자기 이미지를 동시에 갖고 있으며, 각각에 상황에 맞게 외모와 행동 등의 이미지를 연출하

는 것이죠. 그러니까 지금 여러분은 만나는 사람, 만나는 장소, 자신이 처한 집단과 상황에 따라 늘 다르게 보여지고 있는 것입니다.

그러므로 "나답다."는 것은

"네가 나를 언제 보았냐."에 따라 달라질 수 있다는 말씀.

실제적 이미지
자신이 실제 가지고 있는 이미지

이상적 이미지
자신이 되었으면 생각하는 이미지

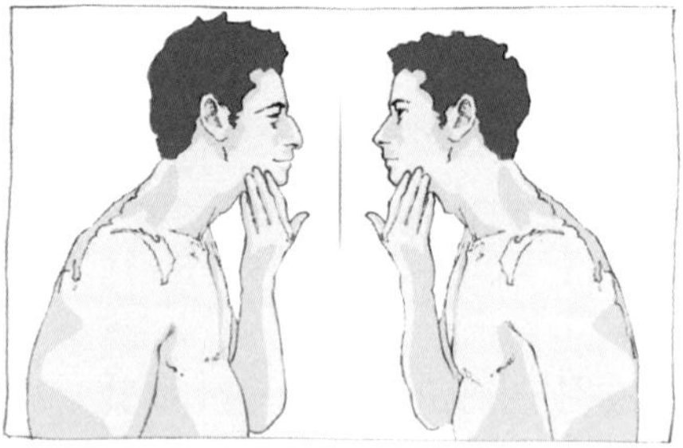

면경적 이미지
타인에게 보이고 싶은 이미지

상황적 이미지
특정한 상황에서 타인이 자신에 대해 생각하길 바라는 이미지

삼박자가 맞아야 좋은 이미지가 생긴다

그러면 좋은 이미지를 갖추려면 어떤 것을 준비해야 할까요? 지피지기면 백전백승이라고 하니, 그 전에 일단 이미지는 어떤 요소로 이루어지는지 알아보기로 해요.

1. 외적 이미지
2. 내적 이미지
3. 커뮤니케이션 이미지

외적 이미지Appearance는 외형적 조건에서 느껴지는 이미지를 말합니다. 구체적으로 키/ 체형/ 생김새/ 헤어스타일/ 안경테 모양/ 피부색/ 차림새 등을 말하며 일반적으로 사람의 '이미지'라고 인식하는 외형적 조건을 가르킵니다.
내적 이미지Behavior는 태도/ 성격/ 매너/ 품행/ 사고방식 등 그 사람의 눈으로는 보이지 않는 이미지를 이야기합니다. 예를 들어 '착하다', '성실하다', '매너 좋다', '개방적이다', '참하다' 등의 이미지는 보이지 않는 내적 이미지에 속합니다.
마지막으로 커뮤니케이션 이미지Communication는 목소리/ 화법/ 어투/ 어조 등 대화 속에서 느껴지는 이미지를 말합니다.

그러면, 여기서 잠시 퀴즈!

이미지는 외적 이미지, 내적 이미지, 커뮤니케이션 이미지로 구분된다고 했죠? 그럼 이 중에서 가장 빨리, 가장 쉽게 변화하는 순서대로 나열된 것은 무엇일까요?

1. 내적 이미지 → 외적 이미지 → 커뮤니케이션 이미지
2. 외적 이미지 → 내적 이미지 → 커뮤니케이션 이미지
3. 커뮤니케이션 이미지 → 외적 이미지 → 내적 이미지
4. 외적 이미지 → 커뮤니케이션 이미지 → 내적 이미지

정답은 4번.
외적 이미지를 가장 쉽고 빠르게 변화시킬 수 있습니다.
짧게는 옷을 갈아입는 5분 정도면 충분하죠.
이미지 컨설팅에 의해 퍼스널 컬러 진단/ 헤어스타일 변화/ 의상 컬러 변화/ 메이크업 스타일/ 안경테 등 꼼꼼한 변신을 한다해도 일주일이면 충분합니다.

두 번째로 변화가 쉬운 이미지는 커뮤니케이션 이미지입니다.
발성/ 발음/ 성량은 훈련을 통해 변화가 가능하고,
아나운서처럼 말하는 것도 6개월이면 충분히 변화가 가능하며,

1~2달만 교육을 받아도 연설이나 인터뷰 정도는
만족스러울 정도가 됩니다.

하지만 내적 이미지는 태도/ 성격/ 매너/ 품행/ 사고방식 등
눈으로는 보이지 않는 이미지이다 보니
쉽게 변화하기가 어렵습니다.
유년기에 형성되어 지금까지 이어진 것이니
가장 변화가 어려운 이미지인 것이지요.

실제로 컨설팅을 통한 이미지 메이킹 현장에서는
내적 이미지의 경우 근본적인 변화가 아닌,
좋은 내적 이미지를 보여줄 수 있는
국제 관례적 매너/ 의복 행동/ 제스처 등을 관리하게 됩니다.
이 책에서 설명하는 내적 이미지 또한
필요한 순간, 필요한 이미지로 보이기 위한
가시적 솔루션 방법입니다.
하지만 그렇다고 해서 내가 내가 아닌 것은 아닙니다.
보이는 대로, 말하는 대로, 당신은 변화합니다.
과거부터 해왔던 말과 행동이
지금의 당신이 된 것처럼요.

이미지 조화가 필요한 이유

긍정적인 이미지를 전달하려면 외적 이미지/ 내적 이미지/ 커뮤니케이션 이미지 각각에 대해서 관리를 해야만 원하는 이미지로 변화할 수 있습니다. 하지만 가장 중요한 것은 각각의 이미지의 조화가 잘 이루어지는 것입니다. 이미지의 조화가 이루어지지 않을 경우 잘 만들어진 이미지를 부족한 부분이 하향 평준화시킬 수 있기 때문입니다.

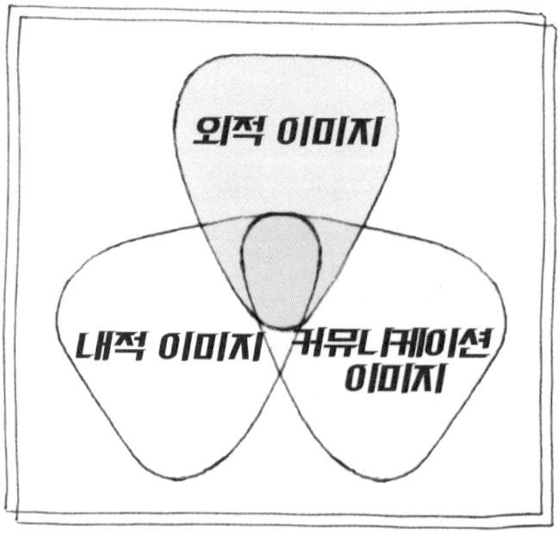

외적 이미지, 내적 이미지, 커뮤니케이션 이미지를 고르게 발전시켜야 할 이유를 조금 더 쉽게 이해할 수 있도록 생활 밀착형 '소개팅' 상황을 통해 이야기 나눠보도록 하겠습니다.

세 번의 소개팅 경험을 통해 이미지의 조화가 얼마나 중요한지 온몸으로 깨달은 한 남자의 이야기입니다.

[상황 1]

"간만에 설레는 마음으로 소개팅에 나왔습니다. 평소 이상형이던 이성이 나와 있네요. 두근거리는 심장을 부여잡고 인사를 했습니다. 상대는… 고개를 까딱일 뿐입니다. 발목을 까딱거리며 껌을 입에 물고 이야기를 시작합니다. 그래도 나의 이상형이니 참고 대화를 이어가 봅니다. 하지만 생각과 취향이 나와 맞지 않습니다. 심지어 상대는 기본적 매너조차 지키지 않습니다."

[해석] **외적 이미지는 100점이었지만 내적 이미지와 커뮤니케이션 실패로 인연은 이어질 수 없었습니다.**

[상황 2]

"한 번의 실패를 이겨내고, 두 번째 소개팅에 나왔습니다. 신이 도우셨는지 또 이상형의 이성이 나와 있네요. 밝게 웃는 미소와 인사를 나누는 모든 것이 맘에 듭니다. 기대를 하며 대화를 시작합니다. 대화를 시작한 지 30분, 도대체 시간이 가질 않습니다. 우리는 서로 모국어가 한국어인데… 왜 대화가 통하지 않는 걸까요?"

[해석] **내적, 외적 이미지 모두 마음에 들었지만, 대화가 통하지 않아 인연은 이어질 수 없었습니다.**

[상황 3]

외모를 중시했던 스스로를 반성하고, 말이 잘 통하는 인연을 만들고 싶었습니다. 평소에 영화를 좋아해 인터넷 상의 영화 동호회에 들어갔는데, 대화 창에서 대화를 나누다 보니 나와 영화 취향이 비슷하고 이야기도 잘 통하는 (ID: 산들산들) 님이 계속해서 눈에 들어옵니다. 용기를 내어 쪽지로 전화번호를 물어보고 어쩌다 보니 매일 통화하며 하루를 나누는 사이가 되었습니다. 심장이 두근거리고 설렙니다. 말도 잘 통하고, 착하고, 취향도 잘 맞는 상대가 너무 보고 싶습니다.

드디어, 실제로 만나는 날!

전… 속물인가 봅니다. 도대체 제 설레던 마음은 어디로 갔을까요? 정말 맘에 들었었는데, 외모를 보고 모든 감정이 거짓처럼 사라졌습니다.

[해석] **내적 이미지, 커뮤니케이션 이미지 모두 마음에 들었지만, 외적 이미지가 적합하지 않아 인연은 이어질 수 없었습니다.**

재미있게 소개팅 상황을 예로 들어보았는데요.

위 상황에서 명확히 볼 수 있듯이 외적/ 내적/ 커뮤니케이션 이미지의 조화는 매우 중요합니다.

또한 이미지는 면접이나 첫인상뿐만 아니라 '함께 사랑을 키울 배우자'을 만나는 데에도 필요하다는 것을 알았으리라 생각합니다.

◇◇◇◇◇

자, 지금까지 이미지가 무엇인지, 어떤 요소로 이루어지는지를 알아보고 이미지 조화의 중요성까지 짚어보았습니다.

이제 본격적으로 외적 이미지/ 내적 이미지/ 커뮤니케이션 이미지에 대하여 알아보도록 할까요?

안녕하세요. 비주얼 커뮤니케이션 컨설턴트 구재희입니다. 저는 이 책에서 '외적 이미지'와 '내적 이미지'를 맡았습니다.

지금까지 고위공직자, 정치인, 기업인 분들을 컨설팅하며 쌓은 노하우를 이 한 권의 책으로 보다 쉽고 재미있게 전달해드릴 텐데요.

첫인상 관리/ 미소 관리/ 자신의 매력을 높이는 비결/ 의복 행동/ 바디랭귀지/ 컬러 마케팅&퍼스널 컬러 등등 다양하고 재미있는 이야기를 가득 준비했으니 기대해주세요.

재미있게 읽고 바로 활용할 수 있는! 여러분의 이미지를 만드는 특급 비밀! 지금부터 하나하나 공개하겠습니다.

이메일 consultant.koo@gmail.com

안녕하세요. 제1호 공감 코치 전문가 이은경입니다. 저는 구재희 강사의 코칭에 이어서 '커뮤니케이션 이미지'에 대하여 소개하겠습니다.

아나운서 출신으로 쌓아온 공감하는 대화법부터 '근사한 리본'의 대표로 수많은 강의장에서 고위공직자, 기업인, 리더를 코칭하며 쌓아온 '스피치 UP 스킬'을 전달하겠습니다.

또한 커뮤니케이션에서 가장 중요한 '공감'과 '진심'에 대한 이야기를 가득 채워 이 책을 통해 커뮤니케이션 이미지를 완성할 수 있도록 하겠습니다.

리더를 만드는 스피치!

연봉을 높이는 스피치!

면접 합격 비법 스피치!

궁금하시죠?

지금부터 저와 함께 할까요?

이메일 ek@awesomeribbon.com

우리는 살면서 여러 가지 책들을 접하고 읽게 됩니다. 공부/ 사랑/ 일/ 인생/ 여행/ 취미 등등. 하지만 끝까지 다 읽은 책은 사실 얼마 되지 않을 겁니다. 설령 작정하고 다 읽었다 해도 감동을 주거나 곁에 두고 종종 읽어 보고 싶은 책은 손에 꼽힐지도 모릅니다.

그러나 책 읽기의 묘미는 우연히 접한 책 한 권이 도리어 깊은 깨달음을 주는 데 있는 것 같습니다. 최근에 읽었던 다양한 책 중에 구재희 아나운서와 이은경 아나운서가 쓴《보말당》('보이는 대로 말하는 대로 당신이 된다' 책 제목의 준말)도 그중 하나인데, 비주얼 커뮤니케이션이란 주제를 이렇게나 재미있고 유쾌하게 풀어내다니 첫 장을 펼쳐 마지막 장까지 단번에 읽어내려갈 만큼 유익한 시간이었습니다.

비즈니스를 하다 보면 아무래도 '이미지'에 신경 쓰지 않을 수가 없습니다. 이 책의 특징 중 하나는 외모에만 치중하기 쉬운 이미지 관리를 넘어 내적 이미지와 커뮤니케이션까지 체계적으로 알려주고 있다는 것입니다. 그것도 아주 쉽게요. 특히 저는 어렸을 때 부터 매우 소심하고 남들의 시선을 지나치게 신경쓰느라 앞에 나서는 것에 항상 자신감이 없었는데, '이미지는 커뮤니케이션으로 완성된다' 파트를 보니 이런 자신감 부족이 비단 나만의 문제는 아니었구나 하는 생각이 듭니다. 나의 이런 소심함을 누군가와 소통하고 도움을 받았다면 훨씬 더 빨리 용기를 내어 극복할 수 있었을 텐데, 이 책을 전하는 분들은 진심어린 조언을 하는 것 같아 다행입니다.

보이는 대로 말하는 대로 당신이 된다! 이 책은 방송과 강연 분야에서 치열하게 뛰어온 두 명의 아나운서가 스스로 경험하고 체득한 것을 모두가 활용해볼 수 있도록 생활 속에서 할 수 있는 '행동 제안'을 곳곳에 편하게 적어놓았습니다. 이제 그것을 여러분의 것으로 만드세요. 내적으로 닦여진 단단한 실력/ 진실한 마음/ 강렬한 실천의지가 중요해진 시절이지만 그보다 더 중요한 것은 그것을 제대로 전달하는 것이니까요. 실력과 의지가 아무리 훌륭해도 이를 정확하게 표현해내지 못하면 기회조차 잡을 수 없으니 말입니다. 이는 비단 비즈니스 세계뿐만이 아니라 서비스/ 정부/ 종교/ 문화/ 개인생활 전반에 걸쳐 지대한 영향을 미칩니다.

이런 현실에 《보말당》이란 한 권의 책이 취업준비생은 물론 직장인, 정치지망생, 기업 CEO 모두에게 소중한 실천 교양도서가 될 것이라 기대됩니다.

– 이봉진 대표(ZARA 한국 지사장)

차 례

PART 01

빠르게 변화를 꾀한다면 외적 이미지를 관리하라

PART 02

보이지 않는 내면 이미지까지 관리하라

PART 03

이미지는 커뮤니케이션으로 완성된다

Apperence

PART 01

빠르게 변화를 꾀한다면 외적 이미지를 관리하라

01

의사소통에서 중요한 건 '보이는' 이미지

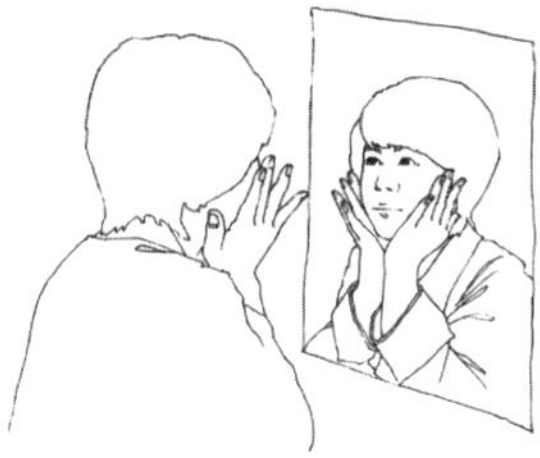

지금부터 우리가 이야기할 것은 외적 이미지, 즉 외형적 조건에서 느껴지는 이미지에 대한 것인데요. 예를 들면 키/ 체형/ 생김새/ 헤어스타일/ 안경테 모양/ 피부색/ 차림새 등등 외적으로 보이는 이미지를 관리하여 타인에게 보이는 자신의 모습에 영향을 주는 것을 말합니다.

외적인 부분을 관리하는 것이기 때문에 가장 쉽고 빠르게 변화시킬 수 있지만, 화려하게 치장하거나 외모로 눈속임을 하려는 것은 아니에요. 첫인상이 날카로워 보인다거나 어눌해 보인다거나 해서 타인과 관계를 맺을 때 오해를 불러일으킨 분들에게 도움이 되도록 시선 처리나 옷차림 등을 조금 신경 써 보자는 거죠.

지금부터 빠른 시간 안에 매력 있는 첫인상을 남길 수 있도록 그 비법을 알려드릴 테니, 함께 시작하도록 할까요?

얼굴은 증명사진 크기와 같다

타인의 얼굴을 바라볼 때 우리 눈은 흔히 이야기하는 증명사진 사이즈 정도까지를 '얼굴'이라고 인식합니다. 코가 예쁘다고 해서 앞 사람의 '코'만 딱! 봐줄 수는 없다는 것이죠.

옆 사람의 얼굴을 보거나 거울의 통해 여러분의 얼굴을 들여다보세요. 그리고 딱! 입술만 보려고 노력해보세요. 입술에 집중할 수는 있어도 입술만 보이는 일은 없을 것입니다.

그래서 1차적 외적 이미지의 정보가 되는 증명사진 라인까지의 얼굴 이미지를 관리하는 것이, 외적 이미지 메이킹의 첫걸음이라고 하는 것이죠.

오른쪽 사진은 실제 저의 증명사진입니다. 어떤 것들이 눈에 들어오나요? 아마 다음과 같은 것들 아닐까요?

1. 얼굴 생김새/ 2. 헤어스타일/ 3. 미소
4. 눈빛/ 5. 귀걸이/ 6. 목걸이/ 7. 옷의 색

증명사진에서 보이는 이 7가지는 '반드시' 관리해야 할 요소라는 점, 잊어서는 안 됩니다.

남성의 경우도 볼까요? 증명사진 안에 어떤 것들이 들어가 있나요? 남성의 경우 또한 외적 이미지 첫걸음을 위해 관리해야 할 것들을 찾아보세요.

1. 얼굴 생김새/ 2. 헤어스타일/ 3. 미소
4. 눈빛/ 5. 셔츠 색/ 6. 넥타이 색/ 7. 정장 재킷 색

자, 그렇다면 얼굴의 영역, 즉 증명사진의 영역에서 봤을 때 남성과 여성의 차이는 무엇일까요? 빙고! 여성의 경우는 헤어스타일이 큰 범위를 차지하게 되지만 남성은 헤어스타일보다는 얼굴 근처의

셔츠, 넥타이, 재킷 색이 큰 범위를 차지하며 그것이 이미지에 더 많이 영향을 준다는 것입니다. 이렇게 정리하고 보니 어디를 관리해야 이미지가 좋아질지 한 눈에 정리되지요?

의사소통에서의 영향력 순서

외적 이미지 관리가 얼마나 중요한지는 메라비안의 연구 결과를 살펴보아도 알 수 있습니다.

미국 UCLA의 알버트 메라비안Albert Mehrabian 교수가 면대면Face to Face 상황에서 의사소통의 효과Elements of Personal Communication에 영향을 미치는 요건을 조사한 적이 있었는데요. 그 연구 결과를 보

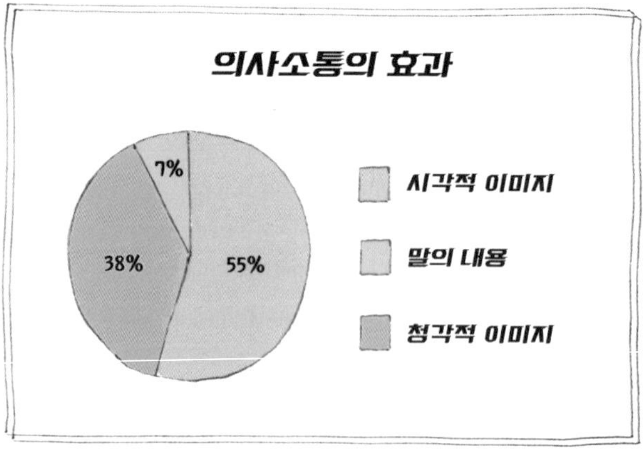

면 비언어적 요인인 시각적 · 청각적 요인이 의사소통에 무려 97%나 영향을 미친 것을 알 수 있습니다. 우리는 이 연구를 가르켜 흔히 '메라비안의 법칙'이라고 부르지요.

그러니까 메라비안의 법칙에 따르면 사람과 얼굴을 보고 의사소통을 하는 상황에서는 말의 내용보다는 자세/ 용모/ 복장/ 표정/ 바디랭귀지 등과 같은 시각적 이미지55%와 목소리의 톤/ 음성의 속도/ 발음의 명확성/ 음색 등과 같은 청각적 이미지38%가 지대한 영향력을 지니는 것입니다. (말의 내용이 갖는 영향력은 불과 7%에 불과하네요.)

사실이 그러하다면,

축사를 할 때!
면접을 볼 때!
발표를 할 때!

대중 앞에서 면대면 의사소통을 할 때 중요한 건 말의 내용을 주르륵 종이에 써서 외우는 것이 아니라 비언어적 요인에 집중하여 준비하는 것! 그것이 더욱 더 효과가 클 것이라는 것을 알 수 있겠지요?

02

처음 느낌은 쭈욱~ 이어진다!
첫인상 절대법칙

외적 이미지의 꽃! 첫인상!

사람과 사람이 만나 단 3~5초 만에 형성되어 버리는

무섭고 잔인한 그것!

상대를 만날 기회가 여러 번 주어진다면

노력으로 바꿀 수도 있겠지만

평생 단 하루! 단 한 번밖에 만날 기회가 없다면?

당신의 첫인상이 그 사람에게는 당신의 전부가 될 수도 있습니다.

이렇게 강력한 힘을 지닌 첫인상에 대해

지금부터 자세히 알아보도록 하겠습니다.

첫인상의 특징

첫인상은 어떻게 형성될까요? 그 특징을 심플하게 네 가지로 정리해보았습니다.

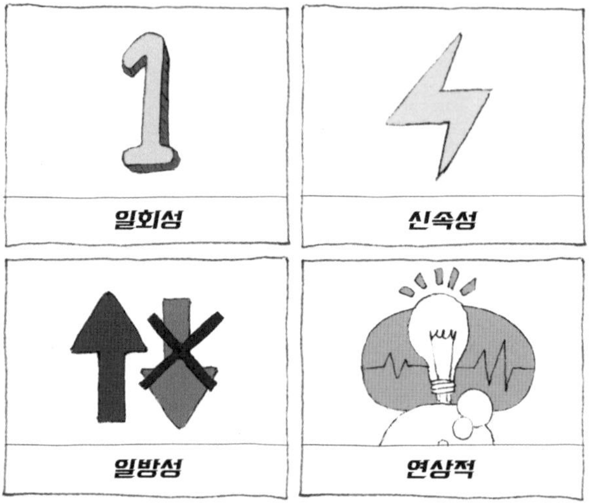

- **일회성** : 첫인상은 첫 만남에 단 한 번의 기회로 형성된다.
- **신속성** : 학자에 따라 주장이 다르지만 짧게는 3초, 길게는 15초 내에 결정되어 버린다.
- **일방적** : 상대방이 마음대로 판단하고 확정지어 버린다. 심지어 바꾸는 것도 쉽지 않다.
- **연상적** : 상상과 연상 작용을 통해 상대방의 상상 안에서 판단된다.

첫인상의 법칙

'첫인상의 법칙'이란 것도 있습니다.

• **3초의 법칙** : 누군가를 처음 만나서 첫 3초 동안 느낀 이미지가 평생 그 사람을 평가하는 기준으로 작용한다.

• **콘크리트 법칙** : 첫인상은 콘크리트처럼 쉽고 단단하게 굳어지는 특징이 있어 처음 형성된 인상은 쉽게 바꿀 수가 없다.

• **부정성의 법칙** : 한 번 나쁘게 형성된 인상은 회복하기가 쉽지 않다. 첫인상이 진짜 무서운 이유이기도 하다. 상대방에게 한 번 미운 털이 박히면 회복하기 쉽지 않으므로 조심! 또 조심!

그런데 말입니다.

직장 내 혹은 학교에서 봤을 때는 첫인상이 정말 안 좋았는데, 알고 보니 참 좋은 사람이라 친해진 경우 가끔 있죠? 그런 경우는 도대체 어떻게 된 걸까요? 나쁜 인상이 형성되면 콘크리트처럼 단단히 굳어져 회복하기 힘들다 했는데 말이죠.

그 비결은 60시간입니다. 60시간 이상을 함께 보내면, 그 사람의 내면을 알게 되어 '알고 보니 좋은 사람이다'라는 판단을 내리게 됩니다. 하지만 이게 가능하려면 어쩔 수 없이, 불가피하게 매일 볼 수 밖에 없는, 학교나 직장과 같은 환경이 뒷받침되어야 합니다. 이런 환경이 주어지지 못했을 때에는 첫인상이 나쁜 사람과 친해질 확률이 거의 희박하다고 하네요.

첫인상이 만들어지는 데 걸리는 시간은 3~15초!
잘못된 첫인상을 회복하는 데 걸리는 시간은 60시간!
60시간은 216,000초!

첫인상이 잘못 만들어지면 5000배 가까운 시간의 노력이 있어야 회복이 가능하다는 것을 꼭 기억하며, 우리 모두 좋은 첫인상을 만들기 위해 미리 미리 노력하도록 합시다.

나쁜 인상을 심어줘 버린 나, 방법이 없을까요?

단단하게 박힌 나쁜 첫인상이라도 되돌릴 방법은 있습니다! 다만 다시 만날 기회가 있어야 한다는 것이 함정. 하지만 방법이 있다는 것이 어딘가요.

최근 미국 코넬대학교 연구팀은 〈성격. 사회심리학 저널〉을 통해 첫인상으로 인한 편견을 지우고, 새로운 인상을 심어줄 수 있는 기회를 마련하는 '잘못된 첫인상 만회 방법'에 대한 연구를 발표했습니다. 그 실험은 바로 이런 것이었습니다.

연구팀은 200명의 실험 참가자들에게 프란치스코 웨스트라는 남성이 이웃집에 침입한 내용을 담은 26개 장면을 보여줬습니다.

각 장면에는 프란치스코의 머그샷(범인 식별용 얼굴사진)과 상황에 대한 설명이 담겨 있었어요. 이를 본 실험 참가자들은 당연히 이 남성을 질이 나쁜 사람으로 인식, 부정적인 첫인상을 갖게 되었죠. 이후 그에게 좋은 측면이 있다는 증거를 제시했지만 부정적 인식은 변하지 않았어요. 또 그가 기차에 치일 뻔한 아기를 구한 적이 있다는 이야기를 들려줬지만 선입견은 바뀌지 않았죠.

여기까지 들으니, 결국 방법은 없는 것인가 싶으시죠? 연구팀은 프란치스코에 대한 잘못된 첫인상을 만회했습니다. 어떻게 했냐고요? 그 방법은 그를 나쁜 사람으로 평가하게 된 사건을 새로운 관점으로 볼 수 있는 정보를 제공하는 것이었습니다. 이 경우에는 그가 이웃집에 침범한 이유가 '화재' 때문이었다는 것, 그리고 집안에 갇힌 아이를 안고 탈출했다는 것이었죠. 그러자 그에 대한 부정적인 인식이 긍정적으로 바뀌게 된 것입니다. 연구팀에 따르면 잘못된 첫인상 만회 방법은 처음 편견을 갖게 한 사건을 재조명하는 것이라고 합니다.

이 연구를 통해 부정적인 생각을 지우기 위해서는 새로운 기억을 심어주는 것보다 기존 사건을 뒤집을 수 있는 근거를 제시해야 한다는 것이 증명되었습니다. 결국! 반전의 정보를 제공하는 것이 이미지를 회복하는 방법이라는 것입니다.

매력적인 첫인상을 만드는 절대 비법

매력적인 첫인상을 만드는 비법이 있습니다.

바로 Look & Smile & Talk입니다.

이 방법을 사용하면 언제나 매력적으로 보일 수 있습니다. 어떤 비법인지 궁금하죠?

1단계 : Look! 본다!

먼저 상대를 바라보세요. '눈맞춤'의 단계이죠.

'입맞춤'보다 강력한 위력을 발휘할 수 있습니다.

처음 본 사람을 대할 때, 아침에 첫 인사를 할 때,

인사의 첫 단계는 눈맞춤! 꼭 기억하세요.

2단계 : Smile! 웃는다!

눈을 마주치고 살며시 웃어주세요.

어색한 웃음은 당연히 안 되겠죠?

그래서 미소 연습이 중요하답니다.

밝고 따뜻하고 호감이 가는 미소 연습!

오늘부터 시작하세요.

3단계 : Talk! 말한다!

누군가를 만나면 가장 첫 마디는 인사말일 경우가 많아요.

인사도 잘하는 방법이 분명히 있어요.

성의 없이 습관처럼 하는 인사가 아닌,

눈 맞추고 미소 짓고 인사하기! 꼭 기억하세요!

바로 이렇게요. 눈을 마주치고, 달콤한 미소를 살짝!

당연히 긍정적인 인상을 남길 것입니다. 잘 생긴 사람만 가능한 게 아니에요. 자신의 인상은 자기가 만드는 거죠. 오늘부터 직접 해보세요. 주변에서 나를 대하는 태도가 변하는 것을 볼 수 있을 거예요.

이렇게 Look & Smile & Talk의 규칙만 지켜도 첫인상은 긍정적으로 형성될 수 있습니다.

일상에서는 자신의 매력을 높이는 마법이 되어줄 것이고,

면접에서는 다른 지원자보다 여유롭고 자신감 있고 매력 넘치게 보이는 비법이 되어주기도 합니다.

연설을 할 때도 청자들을 바라보며 자연스럽고 온화한 미소를 지은 후 시작한다면, 당신의 이미지는 쭉쭉 올라갈 것입니다.

첫인상의 진정한 비법!

우리 다 같이 큰 소리로 읽어볼까요?

Look

&

Smile

&

Talk

'일시정지'를 활용하세요

남들과 다른 특별한 매력을 지니고 싶은 당신을 위한 특별 보너스!

LOOK&SMILE&TALK만 잘 지켜도 충분히 첫인상을 심어줄 수 있지만 여기에 더해 비밀병기인 '일시정지'를 이용한다면, 당신은 타인과 또 다른 매력을 지니게 될 것입니다.

HOLD! PAUSE!

그렇다면 LOOK&SMILE&TALK의 과정 어디에
'일시정지'를 더하면 좋을까요?
정답은 LOOK&**HOLD**&SMILE&TALK과 같은 순서예요.

눈을 바라보고
1초 정도의 짧은 시간을 멈췄다가
미소를 띤 후
이야기를 시작하는 거지요.

잠시 멈추지 않는다면 상대방에게 눈을 마주쳤음을 인식시키기가 어렵습니다. 그러므로 눈을 마주치면 잠시 멈추세요.
내가 상대를 바라본다는 것을 인식시키는 것만으로도,
상대는 당신을 좀 더 매력적으로 인식하게 될 것입니다.

한 할리우드 여배우가 특별한 '눈맞춤Eye Contect' 방법을 공개한 적이 있는데요. 그 방법도 '일시정지Hold'였습니다. 그 여배우만의 다른 점이 있다면 그녀는 "**LOOK**& **HOLD**& **MOVE**& **LOOK AGAIN**" 이었다는 것이죠.

한 곳을 바라보고

시선을 멈췄다가

잠시 다른 곳을 보다가

다시 눈을 맞추는 방법.

이 방법을 사용해서 상대방에게

"나를 바라보는 건가? 아닌가? 어? 날 정말 보내?"라는 감정을

만들어내는 것이지요. 이렇게 하면, 조금 더 매력적으로 보인다고 하네요.

여러분도 조금 더 특별해 보이고 싶다면 '일시정지'를 활용해보세요.

03

내 인상은 어디쯤?
셀프 이미지 테스트

거울을 들여다보는 우리의 심리는 무엇일까요? 예뻐지고 싶고 좀 더 멋있게 보이고 싶은 마음은 누구에게나 있습니다. 왜?

무인도에서 혼자 사는 것이 아닌 이상, 우리는 어찌되었든 타인과 관계를 맺으며 살 수밖에 없으니까요. 우리는 누군가를 만나며 인사를 나누고 친분을 다지고 비지니스를 하고 마음을 나눕니다. 그러는 과정에서 그 상대에게 기억되고 인상을 남깁니다. 어떤 이는 아름다운 사람, 좋은 사람으로 기억될 것이고, 또 어떤 이는 고약하고 까칠한 인상을 남기기도 할 것입니다.

게다가 우리는 흔히,

"아, 그 키 크고 이목구비 시원시원한 분?"
"동글동글한 눈에 얼굴이 하얀 그 아가씨?"
"눈썹은 진한데 이마가 넓었던 그 과장님?"

이라고 외모로 사람을 기억하는 경향이 있지요. 그러므로 자기 자신을 연출한다는 것은 단순히 겉멋을 부리는 것이 아니라, 사회 생활을 하는 현대인이라면 꼭 필요한 자기관리에 해당된다고 할 수 있겠네요.

특히 얼굴은 우리가 사람을 만날 때 가장 먼저 보는 영역이기 때문에 중요합니다. 그럼, 인상 좋은 얼굴을 이미지 메이킹을 하려면 빼어난 미인, 미남까진 아니더라도 미남 미녀의 특징에 대해 알아봐야겠지요? 그런 의미에서 우리가 미남 미녀로 부르는 그들의 실체를 먼저 살펴보겠습니다.

민족별 이상적인 미녀의 얼굴

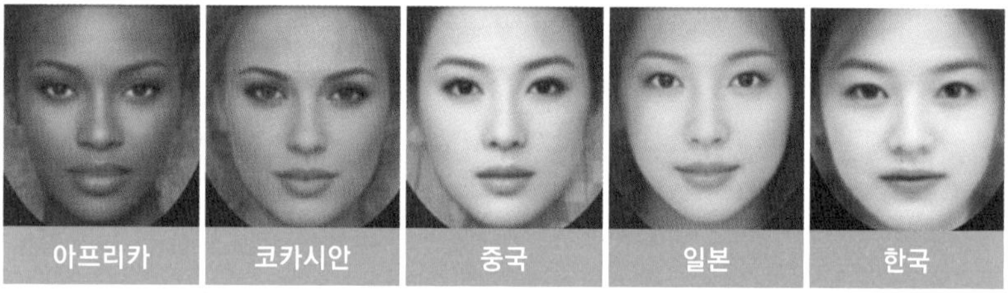

이 이미지들은 세계의 미남, 미녀들의 사진을 합성하여 '민족별 표준 미남, 표준 미녀'의 얼굴을 구성해본 것입니다. 사진을 보세요. 그 나라의 미의 기준점이 보이지 않나요? 같은 아시아인임에도 한국, 중국, 일본의 미남 미녀의 얼굴이 다른 것도 확인할 수 있습니다.

한중일 인기 연예인 평균 미남&미녀

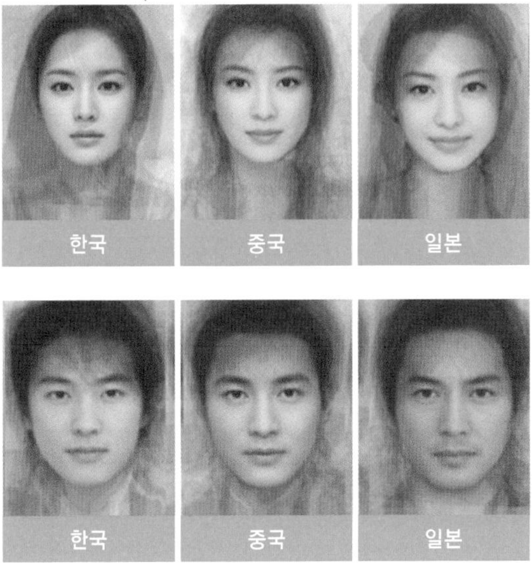

이렇게 민족 · 국가별 미의 기준이 다른 이유는 '아름다움美'을 결정하는 방법이 심미도心美度에 따라 다르기 때문입니다. 또한 심미도의 형성은 경험과 주관적 기준에 따라 다르게 형성되기 때문이죠. 같은 문화권, 같은 국가의 사람들이 비슷한 경험을 할 확률이 높으니, 비슷한 심미도가 형성되어 이러한 결과를 보이는 것입니다.

색 또한 안구의 추상세포, 간상세포의 활성 정도에 따라 개인적으로 볼 수 있는 색의 숫자와 예민도가 다르게 나타나는데요. 거기다 심지어! 문화권에 따라 색에 대해 인식하는 것이 달라서 '심리 4원색'이라고 부를 정도입니다. 색은 심리心理에 바탕을 두고 있기

PCCS의 색상환

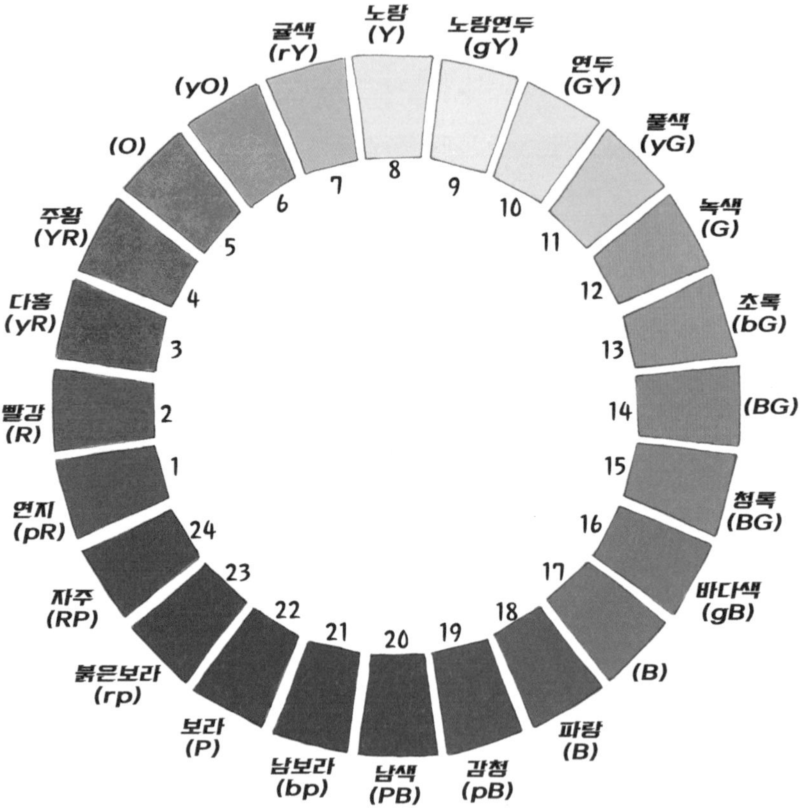
노랑
(Y)
노랑연두
(gY)
연두
(GY)
풀색
(yG)
녹색
(G)
초록
(bG)
(BG)
청록
(BG)
바다색
(gB)
(B)
파랑
(B)
감청
(pB)
남색
(PB)
남보라
(bp)
보라
(P)
붉은보라
(rp)
자주
(RP)
연지
(pR)
빨강
(R)
다홍
(yR)
주황
(YR)
(O)
(yO)
귤색
(rY)
1
2
3
4
5
6
7
8
9
10
11
12
13
14
15
16
17
18
19
20
21
22
23
24

때문이죠.

“센스는 타고 나는 것이 아니라 학습되는 것이다.”라는 말 들어본 적 있나요? 색에 대한 감도感度 또한 학습된 것이기에 문화적 환경에 따라 다르게 보이는 것입니다. 무슨 어려운 이야기인가 싶으시죠? 직접 보시죠.

왼쪽 색상환에서 가장 빨간색, 노란색, 초록색, 파란색이라고 느껴지는 색상을 골라보세요. 빨간색은 1~5번, 노란색은 6~9번, 초록색은 9~14번, 파란색은 15~19번 중에 고르게 될 것입니다.

아시아 문화권에서의 심리 4원색은 다음과 같습니다.

- **빨간색(Red) : 2번**
- **노란색(Yellow) : 8번**
- **초록색(Green) : 12번**
- **파란색(Blue) : 18번**

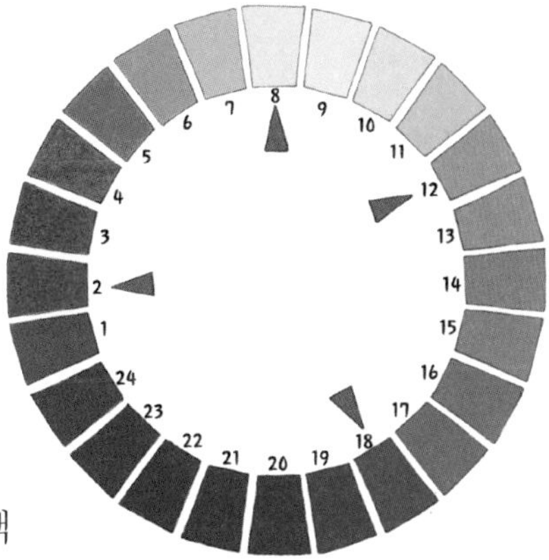

아시아권 외의 문화권에서 같은 질문을 한다면? 당연히 선택은 바뀔 수 있을 것입니다. 실제로 유럽권에서 동일한 질문을 했는데요. 파란색을 18번이 아닌 16번을 선택하는 경우가 많았다고 하네요. 그 이유는 그들은 ‘파란색 = 바다색’으로 인식하기 때문이랍니다.

표준 미인부터 심미도, 심리 4원색까지 국가 · 문화별로 다르게 나타나니, 어느 지역에 거주하느냐에 따라 '이미지 관리'도 다르게 진행해야 할 것입니다.

네모도 달걀로 만드는 얼굴형 연출 노하우 – 헤어스타일 편

처음으로 돌아가서 우리 눈이 시각적으로 '외적 이미지'를 결정하는 영역이 증명사진 영역 정도였던 것 기억하나요?

남녀의 증명사진에서 보이는 것들을 쭉 나열해둔 내용을 보면, 그 첫 번째가 얼굴의 생김새입니다.

외적 이미지를 결정하는 영역

1. 얼굴 생김새
2. 헤어스타일
3. 미소
4. 눈빛
5. 귀걸이
6. 목걸이
7. 옷의 색

1. 얼굴 생김새
2. 헤어스타일
3. 미소
4. 눈빛
5. 셔츠 색
6. 넥타이 색
7. 정장 자켓 색

이 책을 통해 우리는 여기서 제시한 일곱 가지 항목을 관리하는 방법에 대해 알아볼 건데요. 첫 번째! 얼굴 생김새부터 확실히 짚고 넘어가겠습니다. 다만, 우리는 아시아에 위치한 대한민국에서 살아가고 있으므로 대한민국 표준 미남 미녀를 기준으로 이미지 관리를 진행해보겠습니다. 그럼 시작할까요?

여자 연예인 평균 남자 연예인 평균

위 사진은 앞에서도 보았었죠? 우리나라에서 활동하는 인기 남녀 연예인의 평균 얼굴을 합성한 '연예인 평균 미녀 · 평균 미남' 사진입니다. 일단 이 사진을 기준으로 살펴보도록 하죠.

이들의 얼굴 생김과 비슷하게 연출을 한다면, 대한민국에서는 미남 · 미인의 인상을 지니게 될 것입니다. 그렇다고 이런 얼굴로 성형하자는 이야기가 아닙니다. 절대 아니죠.

저는 "세상의 모든 사람은 있는 그대로 아름답다"라고 믿고, 인간이 이미 지니고 있는 매력을 더욱 돋보이게 컨설팅하는 것을 제1목표로 삼고 있습니다. 성형 이외의 방법으로도 충분히 아름다운 인상을 가질 수 있다는 것이죠.

한국 연예인 평균 미녀 · 미남의 합성사진을 다시 보세요. 이들의 얼굴형은 어떤 모양인가요? 흔히들 이야기하는 '달걀형'입니다. 그렇다는 것은 21세기 현재 대한민국의 미남 미녀는 달걀형일 확률이 높다는 것입니다.

이미… 내 얼굴은 달걀형이 아닌데? 이런 생각 하신 분 꼭 있죠? 하지만 걱정하지 마세요. 나의 얼굴형을 달걀형처럼 보이게 만드는 방법! 지금부터 공개하겠습니다.

제 사진입니다. 객관적으로 제 얼굴형을 평가해보자면 '긴 형'입니다. 달걀형이라고 우겨보고 싶은 마음이 없는 것은 아니지만 '긴 형'이었네요. 여러분의 얼굴형은 어떤 모양인가요? 진실을 받아들이고 나를 정확하게 알아야 나에게 맞는 선택을 할 수 있습니다. 지금 바로 객관적인 눈으로 (셀카 찍을 때 각도 말고 정면으로) 냉정하게 거울을 바라보세요. 당신의 얼굴은 무슨 형인가요?

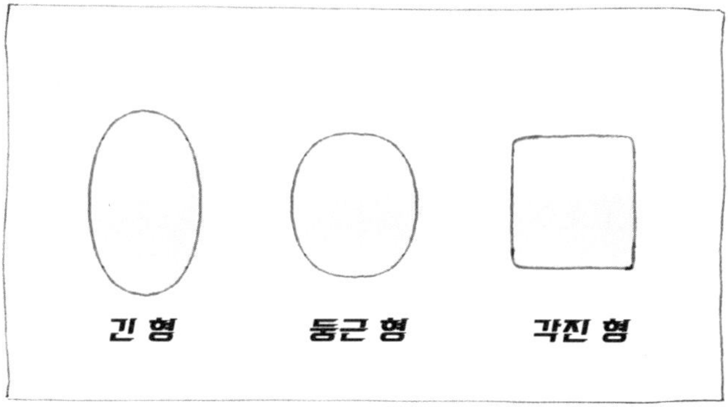

사람의 얼굴형은 크게 긴 형/ 둥근 형/ 각진 형으로 나눌 수 있습니다. 물론 얼굴형을 좀 더 구분하면 긴 각진 형/ 둥근 각진 형/ 역삼각형/ 둥근 사각형 등으로도 나뉘겠지만, 일단 이해를 돕기 위해 세 가지로만 분류합니다. 또한 우리에게 '달걀형'은 이상적 형태의 얼굴형이니, 표준으로 삼아 비교할 수 있도록 제외하겠습니다.

아! 여기서 한 가지 유념해야 할 것이 있습니다. 사람의 얼굴은 복합적 작용을 하기 때문에 이 책에서 제시하는 방법이 무조건적인 정답은 아니라는 것입니다. 하지만 기본적 이론으로는 충분하므로 각자에 맞게 활용할 수는 있을 것입니다.

긴 형 : 가로로 시선을 채워라

긴 형의 얼굴이 달걀형으로 보이려면? 긴 얼굴 양 옆을 채워주면 달걀형에 가깝게 보일 것입니다. 그렇다면 얼굴 양 옆을 도대체 어떻게 채울 것이냐. 그것이 문제입니다.

저는 지금부터 헤어스타일, 눈썹 모양, 넥 라인 등을 적절히 활용해서 '달걀형'에 가까운 얼굴형으로 보이게 하는 손쉬운 방법을 알려드리려고 합니다.

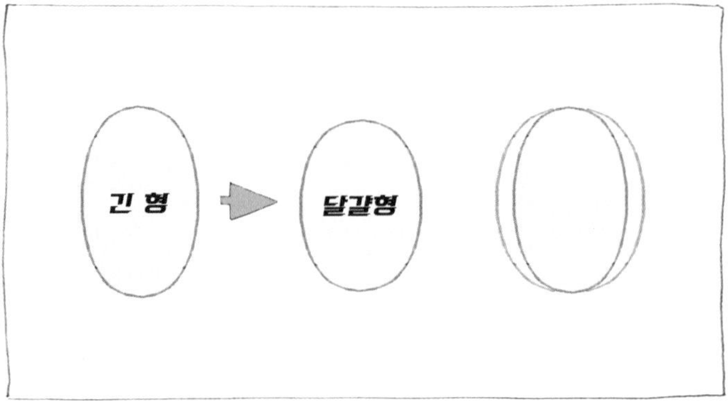

일단 대한민국 여성들이 사랑하는 긴 생머리를 한, 긴 형 얼굴의 여성을 먼저 보시죠.

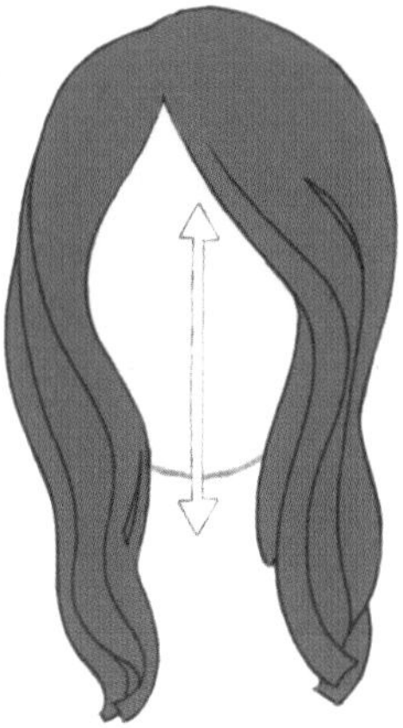

긴 형 얼굴의 여성분이 긴 생머리를 늘어트리니, 뭔가… 더 길어 보이지 않나요?

바로 동화현상 때문인데요. 동화현상이 무엇인지는 조금 이따가 알려드릴게요. 동화현상을 모른다고 해도 긴 형 얼굴에 긴 머리는 얼굴형을 더 길게 한다는 것이 느껴질 것입니다. 그렇다면?

빙고! 긴 형 얼굴에는 짧은 머리가 더 어울리겠지요?

SOLUTION

긴 형 얼굴은 단발머리를 하고 웨이브 헤어스타일로 가로로 시선을 분산시키면 달걀형으로 보일 수 있다.

둥근 형 : 세로로 시선을 채워라

긴 형 얼굴과는 반대로 둥근 형 얼굴은 시선을 가로로 추가하는 것이 아닌, 세로로 더해줘야 달걀형에 가까워 보일 수 있습니다. 만약 둥근 얼굴의 여성이 짧고 볼륨감 있는 헤어스타일을 한다면 시선이 가로로 더해져서 더 동글동글하고 넓적한 얼굴로 보일 수 있습니다.

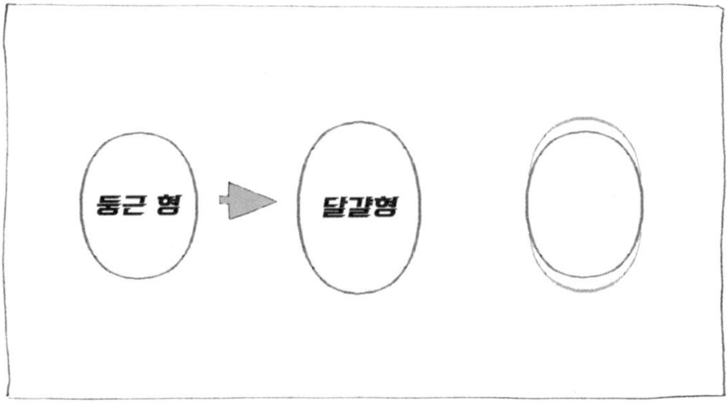

오른쪽 그림을 보세요. 바로 이해가 되지요? 요즘 유행하는 볼륨감이 있는 연예인 단발머리입니다. 하지만 얼굴이 동그란 편이라면 다시 한 번 심사숙고해보세요. 유행한다고 무턱대고 따라할 것이 아니라, 나에게 잘 어울리는가 아닌가가 더

중요합니다.

실제로 제가 이미지 컨설팅을 담당했던 한 남성분이 그런 경우였는데요. 처음 만나는 날, 둥근 형의 얼굴에 동그란 안경테를 끼고, 착하게 잘 내려둔 헤어스타일에, 살집이 있는 둥근 체형을 지닌 분이 절 향해 다가오는데, 저는 동그라미에 동그라미가 겹쳐 보여 마치 '눈사람'이 걸어오는 줄만 알았습니다. 지금은 당연히 달라진 모습으로 변화했지만요.

둥근 형 얼굴은 세로로 시선을 분산시키는 방법으로 달걀형에 가까운 얼굴을 연출하는 것이 좋습니다. 대한민국 여성의 워너비 헤어스타일인 '긴 생머리'가 가장 잘 어울리는 얼굴이죠.

SOLUTION

둥근 형 얼굴은 긴 생머리를 하고 세로로 시선을 분산시키면 달걀형으로 보일 수 있다.

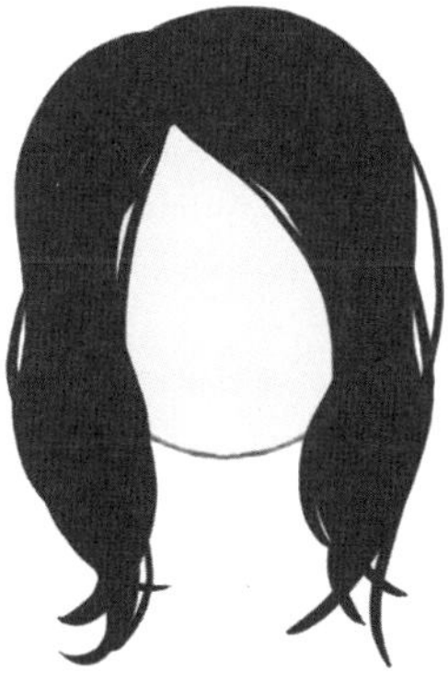

각진 형 : 시선을 최대한 분산시켜라

각진 형의 얼굴을 달걀형에 가깝게 보이려면 어떻게 해야 할까요? 긴 형은 가로, 둥근 형은 세로로 시선을 분산했었죠. 각진 형의 경우에는 시선을 최대한 둥글려 분산시켜주는 것이 좋습니다. 네모난 턱 선을 보이지 않게 하려면 직선보다는 '곡선'을 최대한 활용해줘야 한다는 것!

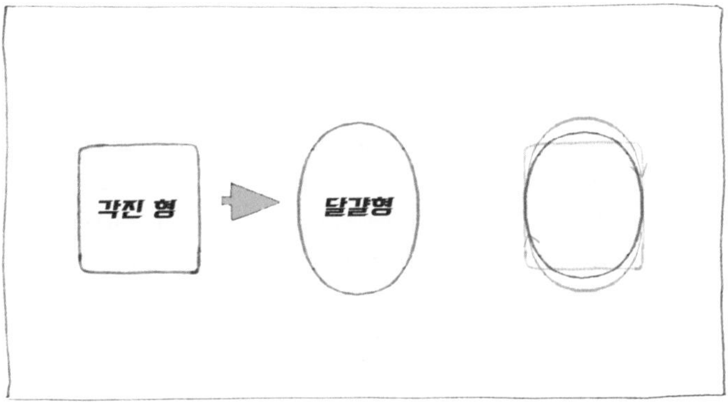

그렇다면 어떻게 곡선을 활용하면 될까요? 일단 헤어스타일, 귀걸이, 눈썹 모양, 의상 라인까지 곡선을 활용해주는 것입니다.

할리우드의 대표 여배우 안젤리나 졸리. 그녀의 얼굴이 각진 형인 것 알고 있나요? 서양 문화권에서는 각진 얼굴을 부의 상징으로 여겨 특별히 가리지 않습니다. 올린 머리를 해서 각을 드러낸 사진(왼쪽 사진)과 웨이브 헤어스타일로 곡선을 더하여 각진 얼굴을 커버한 사진(오른쪽 사진)을 보면 각진 형 얼굴을 위한 솔루션을 단번에 파악할 수 있습니다. 여러분 중 혹시 각진 얼굴형이 고민이라면 '곡선'을 활용해보세요.

SOLUTION

각진 형 얼굴은 곡선을 활용하여 각진 부분을 둥글리면 달걀형으로 보일 수 있다.

네모도 달걀로 만드는 얼굴형 연출 노하우 - 넥라인 편

각각의 얼굴형에 맞는 티셔츠의 넥 라인Neck line을 찾아봅시다. 이것만 잊지 않으면 돼요.

긴 형 얼굴은 세로를 조심하고 가로를 채워주자!
둥근 형 얼굴은 가로를 조심하고 세로를 채워주자!
각진 형 얼굴은 직선을 조심하고 곡선을 만들어주자!

긴 형 얼굴에는 라운드형 넥 라인이 적합합니다. 좀 더 동안으로 보이고 싶다면, 얕은 라운드형 넥 라인의 보트 넥(옷깃의 앞뒤를 배 바닥 모양으로 오려낸 모양) 티셔츠를 선택해보세요. 후회 없을 것입니

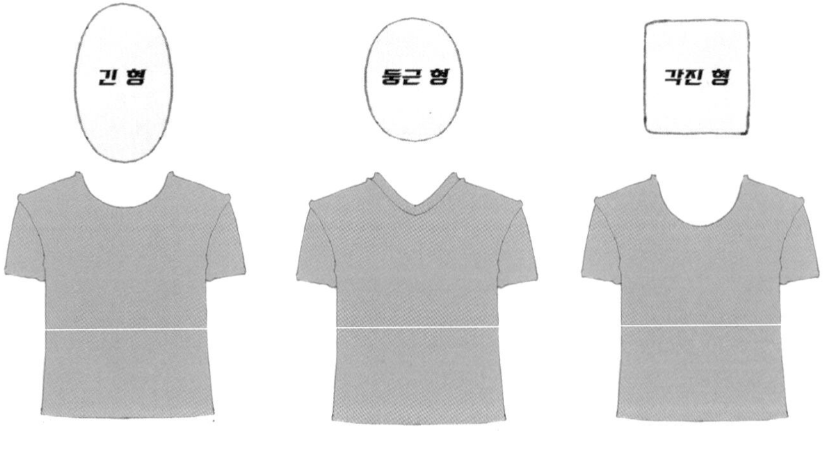

다. 만약 긴 형 얼굴이 깊은 V 넥 티셔츠를 선택한다면? 더 길어 보일 거라는 예상 가능하죠?

둥근 형 얼굴에는 V 넥 라인을 선택합니다. 세로로 시선을 분산시켜 둥근 형 얼굴을 보완할 수 있으니까요. 만약 둥근 형 얼굴이 라운드형 넥 티셔츠를 선택한다면? 얼굴의 곡선이 더 돋보일 거예요.

각진 형 얼굴에는 각이 없는 곡선의 라인이 어울립니다. 목이 짧은 편이거나 통통한 편의 각진 얼굴형이라면 깊은 라운드형 넥 라인을 선택하는 것이 좋습니다.

네모도 달걀로 만드는 얼굴형 연출 노하우 - 눈썹 편

얼굴에서 이미지에 가장 큰 영향을 미치는 것이 무엇인지 아세요? 정답은 '눈썹'입니다.

잠깐 다음 페이지로 넘겨 '눈썹 모양별 얼굴 이미지 변화'를 보세요. 동일한 얼굴이라도 눈썹 모양에 따라 얼굴의 이미지가 크게 변화하는 것을 확인할 수 있습니다. 이렇게까지 눈썹 모양이 이미지에 영향을 미칠 것이라 생각하지 못했던 분들이라면 지금쯤 아마 크게 놀랐을지 모릅니다.

눈썹 모양별 얼굴 이미지 변화

여러분의 눈썹 모양은 어떤가요?
여러분의 얼굴형에 어울리는 모양을 하고 있나요?
혹시 별 생각 없이 아무렇게나 그리는 것은 아니겠죠?

남성이라고 해서 눈썹 모양에서 자유롭진 않습니다. 여자만큼은 아니지만 남자들도 얼굴형에 어울리는 눈썹 모양의 연출은 분명 이미지에 큰 도움이 됩니다.

자, 그럼 지금부터 얼굴형에 어울리는 눈썹 모양을 찾아볼게요.

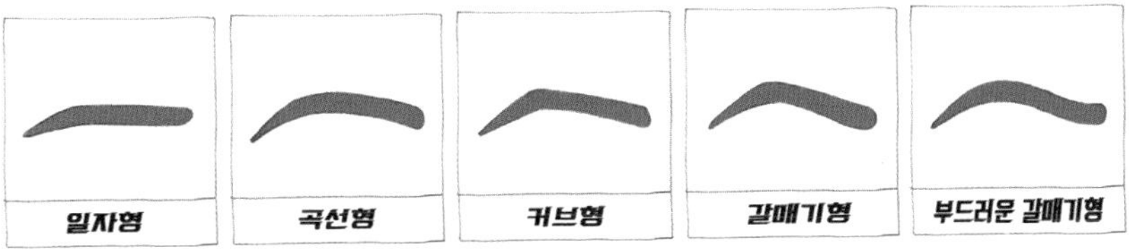

이 그림은 우리가 흔히 그리는 눈썹 모양을 정리한 것입니다. 아마 대부분은 위 모양 중에서 하나를 선택해 눈썹을 그릴 거예요.

그러면 어떤 얼굴에 어떤 눈썹 모양이 어울릴까요? 한 번 생각해 보세요. 그 전에 다시 떠올려야 할 것!

긴 얼굴은 세로 말고 '가로'
둥근 얼굴은 가로 말고 '세로'
각진 얼굴은 직선 말고 '곡선'

눈썹도 이 규칙에서 자유로울 순 없습니다. 여기까지만 이야기 해도 눈치 빠른 분들은 이미 감 잡았을 텐데요. 여러분의 얼굴형에 어울리는 눈썹 모양! 지금 공개합니다.

얼굴형에 따라 어울리는 '눈썹' 모양

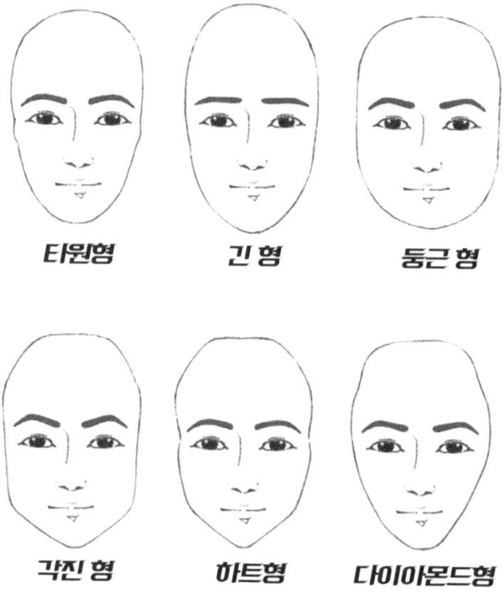

위 그림은 눈썹 그리기에 힌트가 되도록 얼굴형을 세분화한 것입니다. 긴 형/ 둥근 형/ 각진 형 외에 타원형/ 하트형/ 다이아몬드형이 있어요. 하지만 앞에서 우리가 쭈욱~ 익혀온 기본 규칙은 그대로 지키고 있음은 확인할 수 있습니다.

★ 돌발퀴즈 ★

Quiz1. **동안으로 연출할 때 가장 많이 활용하는 '일자一字 눈썹'이 가장 잘 어울리는 얼굴형은?**

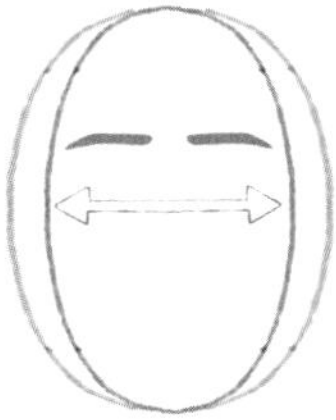

정답. 시선을 가로로 확장시켜주는 일자형 눈썹이 가장 잘 어울리는 얼굴형은 '긴 형' 입니다.

Quiz1. **각이 살아있는 '갈매기형 눈썹'이 가장 잘 어울리는 얼굴형은?**

정답. 정답은 '둥근 형'. 각진 형 얼굴은 '각'과 '직선'을 조심해야 한다고 했던 것 기억나나요? 갈매기형 눈썹 또한 각진 형의 얼굴은 피하는 것이 좋습니다. 반대로 둥근 형 얼굴은 세로를 확장하고 '각'을 활용해야 얼굴을 조금 더 갸름하게 보일 수 있습니다.

Quiz3. **부드러운 이미지를 전달하는 '곡선형 눈썹'이 가장 잘 어울리는 얼굴형은?**

정답. '각진 형'. 날카로운 얼굴선을 지닌 각진 형 얼굴은 부드러운 이미지를 주는 '곡선형 눈썹'을 해야 '각'을 완화할 수 있습니다.

얼굴형에 따른 안경테 고르기

다양한 모양의 안경테!

안경점에서 막상 안경을 고르려면,

도대체 나한테 어울리는 안경테를 모르겠어서 대충 점원이

추천해주는 것을 골랐던 경험, 아마도 많이들 있을 텐데요.

'안경테'도 얼굴형에 따라 고르는 규칙이 있습니다!

그 규칙은 지금까지 봐서 살짝 식상하고 지겨워지려는 그것!

1. 긴 형은 세로를 피하고 가로로 시선주기
2. 둥근 형은 가로를 피하고 세로로 시선주기
3. 각진 형은 직선을 피하고 곡선을 활용하기

안타깝게도 새로운 규칙은 없습니다.

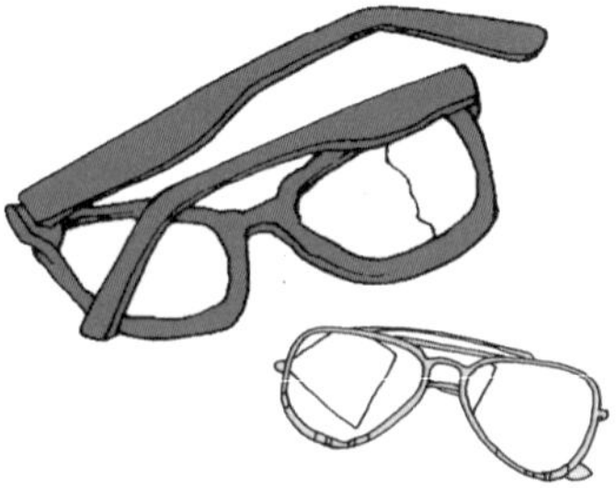

얼굴형에 따라 어울리는 '안경테' 모양

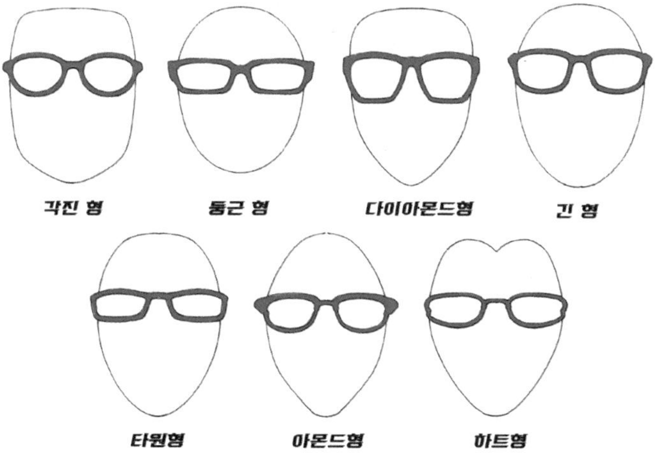

그림을 보세요. 규칙을 그! 대! 로! 따르고 있지요?

각진 형은 둥근 안경테로 '곡선'을 주고,

둥근 형은 안경테 위쪽 부분에 삐죽 '세로'로 시선을 주었고,

긴 형은 '가로'로 넓은 안경테를 착용해서 시선을 분산시켰습니다.

이 외의 얼굴형도 얼굴의 단점을 보안해줄 안경테를 착용하여,

우리가 처음 미의 기준점으로 잡았던 '달걀형' 얼굴에 가깝게

연출할 수 있습니다.

04

알면서 당하는 색의 연금술

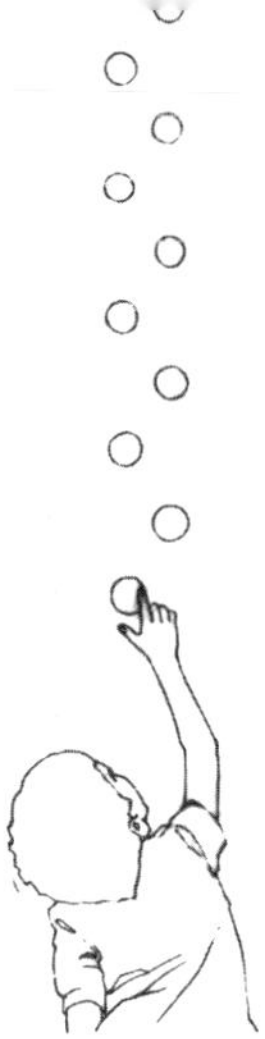

지금까지 이미지 연출이란 무엇인지, 첫인상은 왜 중요하고 어떻게 관리하는지, 얼굴형별 연출법 등을 열심히 익혔습니다.
이제 슬슬 '음, 이미지 연출이란 이런 것이군.' 이런 생각이 들 텐데요. 문제는 뭔가 슬슬 감은 오는데 '적용'이 쉽지 않다는 것입니다.
'이론은 알겠는데 그래서 나의 이미지는 어떻게 연출해야 하는 거지?' 이런 의문이 드는 것이죠. 괜찮습니다. 저도 그랬고 아마 다른 분들도 다 그랬을 거예요.

다이어트 하는 방법, 우리는 잘 알고 있습니다.
덜 먹고 규칙적인 운동을 하면 된다는 것!
서울대 가는 방법도 우리는 잘 알고 있습니다.
교과서 위주로 학교 진도 잘 따라가고,
선생님이 알려주시는 것만 잘하면 된다더군요.

그런데… 왜?

살은 안 빠지고 성적은 내 맘 같지 않은 걸까요?

알지만 '적용'이 안 되기 때문입니다. 그래서 이제부터는 스스로 이미지를 연출할 수 있도록 '색', 영어로 말하면 '컬러'에 대해 이야기해볼까 합니다.

외적인 이미지 연출을 할 때 제가 가장 선호하는 분야는 바로 컬러입니다. 왜냐하면,

첫째, 다이어트를 하지 않아도 5Kg은 날씬해 보일 수 있습니다.

둘째, 나와 어울리는 색을 입으면 매력을 배가시킬 수 있습니다.

셋째, 컬러 심리학을 활용하여 원하는 이미지로 연출이 가능합니다.

이 세 가지 이유로 저는 컬러 활용을 예찬합니다. 여러분도 더 날씬해 보이고, 더 매력 있어 보이며, 원하는 이미지로 보이고 싶다면, 컬러가 그 해결책이 되어줄 것입니다.

거기다 색을 알면 좋은 점! 현명한 쇼핑을 할 수 있습니다.

옷장을 열면 옷은 많은데 늘 입을 옷이 없고 이상하게 옷들끼리도 어울리지 않는 것 같지요. 그런데 색을 알면, 특히 나에게 어울리는 색을 알면, 예쁘다고 옷을 사는 것이 아니라 나에게 어울리는 옷을 사게 되고, 색의 배색이나 연출법에 대해 충분히 이해를 하게 되니 가지고 있는 옷의 활용도 또한 높아지고 새로운 옷을 구매할 때도 어울리는 옷을 선택하게 되어 현명한 쇼핑을 할 수 있게 되는 것이죠.

이쯤 되면, 진심으로 색에 대해 마구마구 궁금해지지 않나요? 당신의 매력을 높여줄 마법 같은 컬러의 세계로 출발해보겠습니다.

색을 그룹지어 기억하자 - 유채색과 무채색

우리에게 어울리는 색, 매력을 높여주고 다이어트 효과를 선물해줄 색을 알려면 색상, 명도, 채도와 청색, 탁색의 개념을 조금은 알아야 합니다. 그중에서도 일단 색을 분류하여 기억할 필요가 있습니다.

색은 크게 색감의 유무에 따라 두 개로 구분할 수 있는데요. 흰색/ 검정색/ 회색처럼 색감이 없는 색을 무채색이라 하고 무채색 이외에 색감이 느껴지는 모든 색을 유채색이라고 합니다.

색이 가지고 있는 고유의 성질 – 색상과 색조

사전적 의미로 보자면, 색이란 빛을 흡수하고 반사하는 결과로 나타나는 사물의 밝고 어두움 혹은 빨강/ 파랑/ 노랑 따위의 물리적 현상을 의미합니다. 쉽게 말해 빨강색/ 주황색/ 노랑색/ 초록색/ 파란색/ 남색/ 보라색처럼 각각이 가지고 있는 고유의 색을 의미합니다.

일반적으로 붉은색 계열, 푸른색 계열, 초록색 계열 등 색의 성질별로도 구분을 합니다. 색의 성질은 색조라고 부르며 이것이 바로 색상입니다. 당연한 이야기를 왜 하나 싶으시죠? 그래도 꼭 필요한 내용이니까 조금만 참아주세요.

색의 밝기를 나타내는 - 명도

명도는 사전적 의미로 보자면, '색의 3요소 중 하나로 색의 밝고 어두운 정도'를 말합니다. 아래 그림을 보면 색의 밝기가 오른쪽으로 진행하면서 밝아지고 있지요? 밝은 쪽이 명도가 높은 것이고 어둡고 무거워 보일수록 명도가 낮은 것입니다.

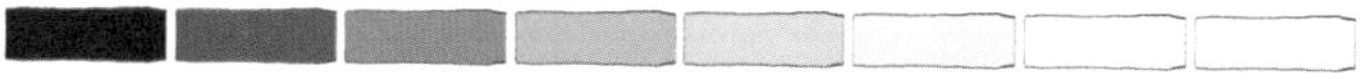

명도는 크게 고명도/ 중명도/ 저명도 3단계로 분류할 수 있습니다. 아래 그림을 보면 충분히 고명도가 어떤 느낌인지, 중명도, 저명도가 어떤 느낌인지 느낄 수 있을 거예요.

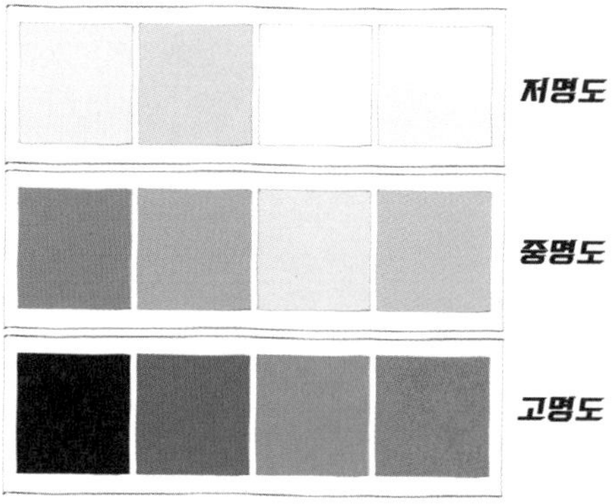

가장 명도가 높은 것은 흰색, 가장 명도가 낮은 것은 검정색입니다. 그리고 흰색부터 검정색 사이에 다양한 회색들이 존재하겠죠? 하나 더 꼭 알아둘 것은 다른 컬러에도 검정색과 흰색처럼 다양한 명도들이 존재한다는 것입니다.

명도는 색의 무게를 결정하는 강력한 무기

색에도 무게가 있습니다. 명도가 밝은 색은 물건을 가볍게 보이게 하고, 명도가 어두운 색은 물건을 무겁게 보이게 하지요. 그러니까 색의 무게는 '명도'가 결정하는 것입니다.

색의 무게에 대한 재미있는 일화가 하나 있는데요. '검은색 택배박스'를 사용하던 한 택배회사의 이야기입니다. 들어보실래요?

어느 날 직원들이 택배가 무거워서 일을 못하겠다고 아우성이었습니다. 하지만 택배 회사의 특성상 고객이 보내는 물건에 따라 무게가 달라지므로 무게를 제한하는 방법으로는 해결할 수 있는 문제가 아니었죠. 이때 택배회사

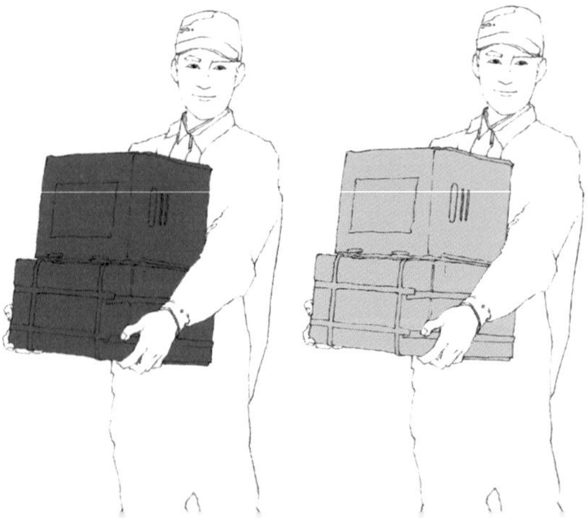

의 사장님이 기지를 발휘해서 이 문제를 아주 쉽게 해결했습니다.

어떻게?

택배 박스의 색을 밝은 색 = 가벼운 색으로 바꾼 거죠. 직원들은 심리적으로 밝은 색의 택배박스를 훨씬 가볍게 여겼고 일을 더 쉽게 할 수 있었답니다. 이게 '색의 무게'이고 색의 심리학의 한 부분이랍니다. 색! 이 놈 참 재미있죠?

선명함의 정도를 나타내는 채도와 색상&명도&채도의 관계

색상, 명도, 채도를 정립해주는 요 그림! 굉장히 눈에 익지 않나요? 아마 중고등학교 미술실에서 많이 보았을 거예요. 가장 쉽게 색상/ 명도/ 채도를 표현해주는 그림이죠.

중간에 명도 기둥 보이죠? 검정에 가까울수록 명도가 높고, 흰색으로 갈수록 명도가 낮아지는 건 이제 알 것입니다. 기둥을 빙 두른 원은 색상

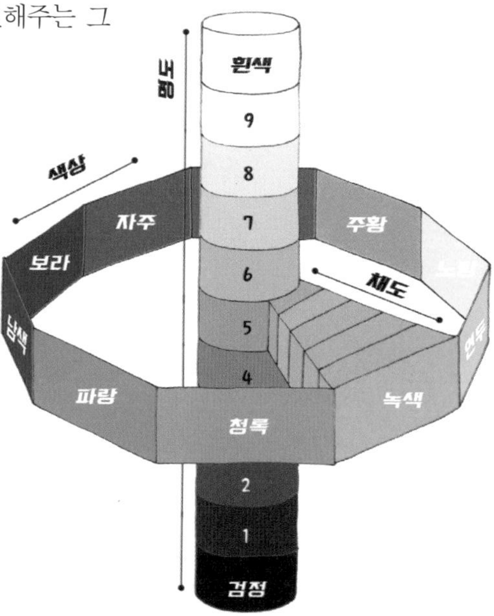

입니다. 빨강/ 주황/ 노랑/ 초록/ 파랑/ 남색/ 보라색 등 다양한 색이 있죠.

기둥과 원 사이에 채도를 찾았나요? 원색原色에 가까워질수록 채도가 높은 것이고, 원색에서 멀어져서 무채색에 가까워질수록 채도가 낮은 것입니다. 채도는 그러니까 '색의 선명함의 정도'인 것이죠. 무채색은 색이 없는 색이니 당연히! 채도가 없겠죠?

자, 그러면 지금까지 색에 대해 이야기해본 것을 다시 한 번 정리해볼게요.

- **색상** : 빨강, 주황, 노랑, 초록, 파랑, 남색, 보라색 등 고유의 색
- **명도** : 색의 어두움과 밝음의 정도
- **채도** : 색의 선명함의 정도
- **유채색** : 색감이 있는 색
- **무채색** : 색감이 없는 색

이것들을 왜 알아야 하냐고요?

앞으로 퍼스널 컬러나 색의 활용을 배우게 될 텐데, 색을 구별할 수 없다면 활용할 방법이 없기 때문이에요. 색 또한 다른 배움과 마찬가지로 많이 보고, 많이 학습할수록 더 잘 활용할 수 있게 된답니다.

색의 삼속성과 색의 분류

색의 삼속성이란, 색상, 명도, 채도를 이야기합니다. 지금까지 색상, 명도, 채도에 대해 이야기했으니 여러분은 이제 색의 삼속성에 대해 이해한 것이죠. 마지막으로 한 가지만 더 알면 색을 정복한 것이나 다름없습니다. 바로 '색의 분류'랍니다.

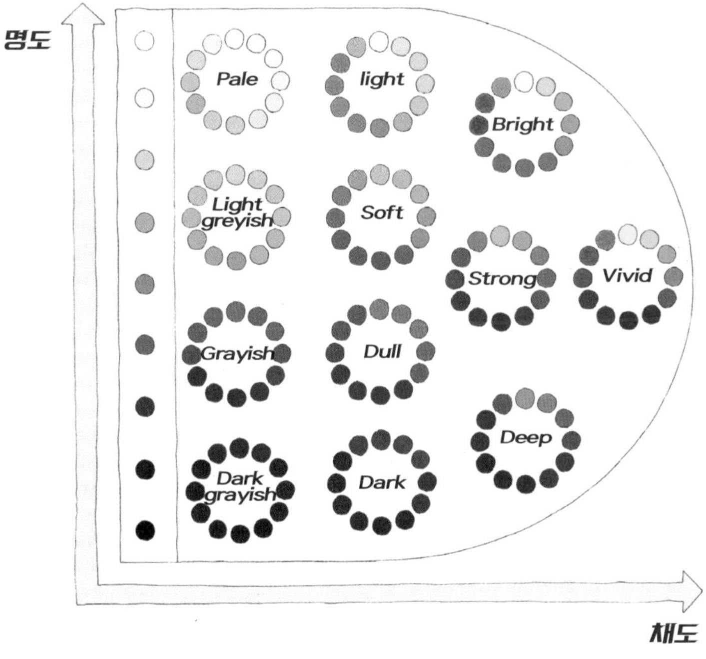

유채색은 순색純色, 명청明淸色, 암청색暗淸色, 중간색中間色으로 분류할 수 있습니다. '순색'은 유채색 중에 가장 선명한 색(가장 채도가 높은 색)을 이야기합니다. 위 표에서 비비드톤vivid tone이 가장 채도가 높으니 순색인 것이죠.

이 순색에 흰색을 조금씩 섞으면 '명청색'이 만들어집니다. 그림에서는 페일톤Pale tone, 라이트톤Light tone, 브라이트톤Bright tone 같은 파스텔 색상이 명청색입니다.

반대로 순색에 검정색을 조금씩 섞으면 '암청색'이 만들어집니다. 그림에서는 다크그레쉬톤Dark Grayish, 다크톤Dark, 딥톤Deep 같이 어두운 느낌이 나는 색이죠.

명청색과 암청색을 합쳐서 '맑은색'이라고 불러요. 명청색과 암청색에서 공통적으로 쓰는 청이 바로 '맑은 청淸'인 걸 보면 바로 알겠죠?

'중간색'은 순색에 회색을 섞은 색으로 맑은색(명청색 + 암청색)을 제외한 라이트그레쉬톤Light Grayish tone, 그레쉬톤Grayish tone, 소프트톤Soft tone, 덜Dull tone, 스트롱Strong tone과 같은 탁한 느낌이 나는 색입니다. 그래서 중간색은 '탁색'이라고 불립니다.

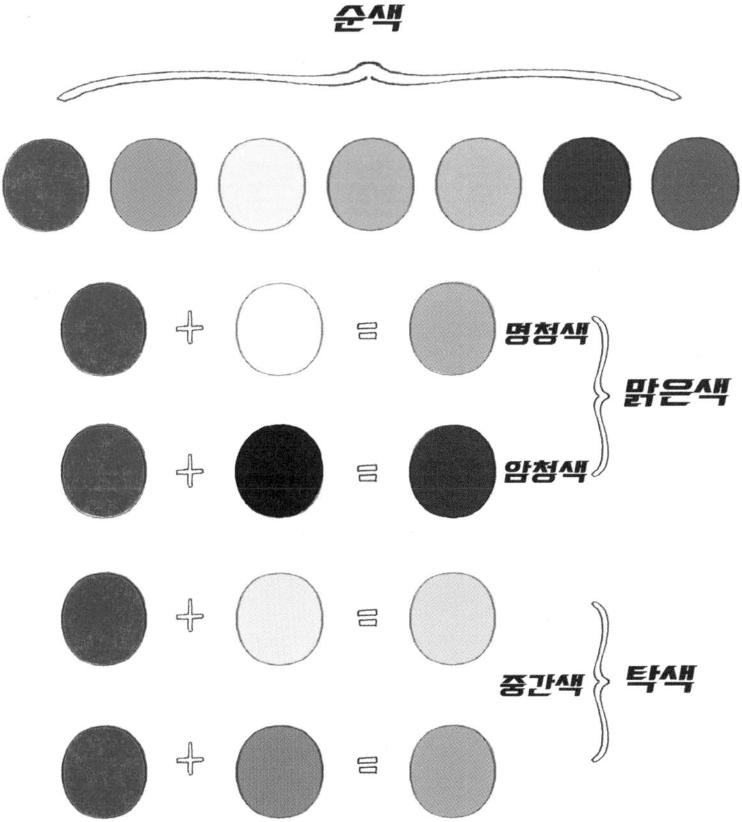
순색
명청색
맑은색
암청색
중간색
탁색

축하합니다! 색에 대한 기본적인 공부를 다 마쳤습니다.

우리에게 어울리는 색을 찾고, 색을 활용할 기초공사가 완료되었네요. 드디어 지겨운 이론 공부를 끝내고 우리가 진짜로 활용할 수 있는 생활 밀착형 색이야기를 시작합니다.

알아 두면 두고두고 써먹는 색의 심리학

교통법규 위반에 쉽게 걸리는 자동차 색깔이 있다는 사실, 알고 있나요? 교통법규를 잘 지켜 딱지 끊을 일이 없어야 하겠지만, 간혹 초행길에 실수로 위반하게 될 때가 있잖아요. 그런데 그때 자동차 색깔에 따라 경찰에게 걸릴 위험도가 달라진다고 하네요.

자, 그럼 확인해봅시다. 아래 자동차 그림 중 어떤 색의 자동차가 가장 잘 보이나요? 역시 여러분도 빨간색 자동차가 제일 먼저 보이죠?

그럴 수밖에 없는 것이 빨간색은 눈에 쉽게 띄는 '진출색進出色'이자 사람을 흥분시키는 '흥분색興奮色'이기 때문이죠. 만약 빨간색 자동차를 탄다면, 조금 더 교통 법규에 신경을 써야 합니다. 이런 것이 바로 생활 밀착형 색 이야기에요.

그럼 색에 의해 심리가 변화하는 재미있는 색 이야기, 본격적으로 시작할게요.

난색과 한색

색에도 따뜻한 느낌이 드는 색과 차가운 느낌이 드는 색이 있습니다. 우리는 따뜻한 느낌이 드는 색을 '난색暖色', 차가운 느낌이 드는 색을 '한색寒色'이라고 부릅니다.

아래 두 개의 방이 있습니다. 어느 쪽이 더 따뜻하게 느껴지나요? 여러분이 느끼는 그대로가 정답입니다. 따뜻함이 느껴지는 방의 색이 난색, 차가움이 느껴지는 방의 색이 한색. 쉽게 이해되죠?

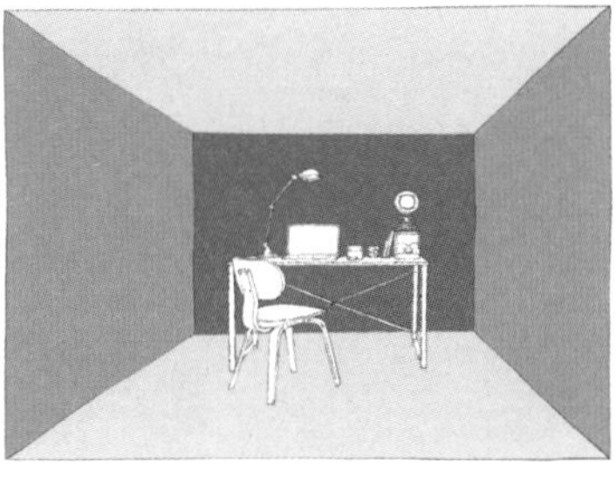

진출색과 후퇴색

과학시간에 많이 보았던 '색의 스펙트럼'입니다. 색의 파장에 따라 굴절률이 다르게 나타나 파장의 순서대로 보이는 색의 스펙트럼. 다들 기억하죠? 그래서 '빨주노초파남보' 무지갯빛 순서로 보이는 것이죠. 기억이 나질 않는다면 빨간색에 가까울수록 '장파長波', 보라색에 가까울수록 '단파短波'. 이것만 기억하고 넘어가도록 해요.

색의 스펙트럼&단면도

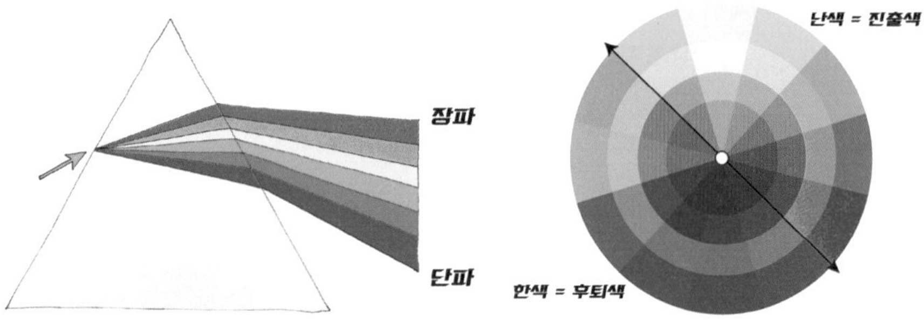

색의 스펙트럼 단면도(오른쪽 그림)도 한 번 살펴보도록 해요. 한 눈에 난색과 한색이 구분됨을 알 수 있어요.

난색과 한색은 진출색과 후퇴색이기도 해요. 따뜻한 느낌이 드는 난색은 색의 스펙트럼에서 장파장으로 거리가 가깝게 느껴지는 진출색, 차가운 느낌이 드는 한색은 색의 스펙트럼에서 단파장으로 거리가 멀게 느껴지는 후퇴색으로 표현됩니다. 실제로 같은 거리에 빨간색 공과 파란색 공이 놓여 있다면, 진출색인 난색계열의 빨간색 공이 파란색 공보다 가깝게 느껴집니다.

이러한 색이 주는 거리적 심리감을 우리 생활에 밀착하게 활용한 것이 바로 신호등입니다. 빨간 신호등의 뜻은 위험! 멈춤!

빨간색은 색의 스펙트럼에서 장파로 단파의 초록색보다 우리 눈에 빨리 보입니다. 그래서 '빨리 멈춰! 조심해!'라는 뜻으로 활용되는 것이죠. 색의 스펙트럼에서 단파인 초록색은 장파의 빨간색보다 우리 눈에 천천히 보이겠죠? 그래서 천천히 출발하라는 의미로 초록 신호등을 출발의 의미로 활용합니다.

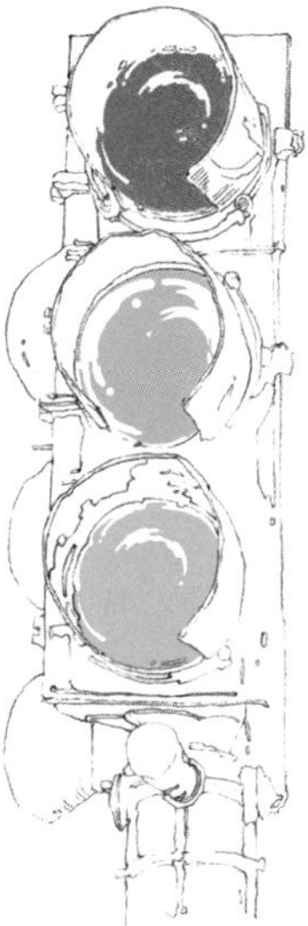

색이 이렇게 우리의 생활에 밀접했다니, 알고 보니 달리 보이지 않나요?

따뜻하기도 하고 차갑기도 하고 가깝기도 하고 멀기도 한 색! 이외에도 색은 다양한 심리적 효과가 있습니다. 앞서 이야기했던 택배박스의 색을 바꿔 직원들의 불만을 잠재운 택배회사 이야기도 그 중 하나인 거죠. 그럼 계속해서 재미있고 유용한 색의 심리에 대해 알아보겠습니다.

팽창색 Vs 수축색(부드러운 색 vs 딱딱한 색)

흰색 바둑알과 검은색 바둑알은 크기가 같을까요? 정답은 흰색(22.2mm),검은색(21.9mm)로 검은 바둑알이 조금 더 큽니다.

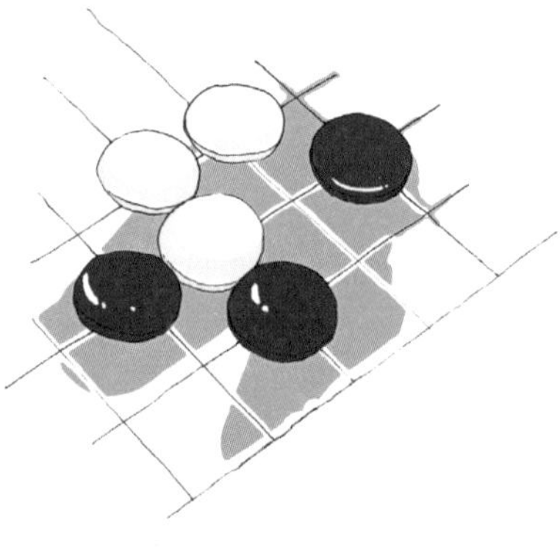

그 이유는? 흰색은 팽창색, 검은색은 수축색이기 때문이죠. 그래서 검은색 옷을 입으면 더 날씬해 보이는 거예요 명도가 높으면 '팽창색'! 명도가 낮으면 '수축색'!

만약 다른 색인데 명도가 같다면? 크기는 다르게 느껴지지 않습니다. 또 명도의 차이로 딱딱함과 부드러움도 느낄 수 있답니다. 명도가 낮은 색일수록 딱딱해 보이고 명도가 높은 색일수록 부드러워 보인답니다.

흥분색 Vs 안정색

투우사가 황소를 흥분시킬 때, 휘두르는 천의 색은? 빨간색!

진하고 선명한 붉은 색은 황소를 흥분시키지요. 난색 계열의 채도가 높은 색은 '흥분색'입니다. 한색 계열의 채도가 낮은 색은 '안정색'으로 사람을 차분하게 해줍니다. 따라서 안정적이고 차분한 인상으로 보이고 싶을 때는? 네, 맞습니다. 여러분의 생각 그대로, 한색 계열의 채도가 낮은 색을 선택하세요.

화려한 색 Vs 수수한 색

빨간 드레스를 입은 여인. 새빨간 뚜껑이 열리는 스포츠카. 턱시도를 입은 남자의 빨간 나비넥타이. 어떤 느낌인가요? "우아! 화려하다."라는 생각이 떠오르지 않나요?

화려하다는 느낌이 드는 색을 '화려한 색'이라고 부릅니다. 또 왠지 얌전해 보이고 싶은 날. 청순하게 보이고 싶은 날. 나도 모르게 찾아 입게 되는 색 있죠? 그런 색을 '수수한 색'이라고 합니다.

'화려하다', '수수하다'라는 인상은 채도와 관련이 있습니다. 채도가 높을수록 화려하다는 인상이 강해지고, 채도가 낮을수록 수수한 인상이 되는 거죠. 차분한 색의 상징인 초록색도 채도가 높아지면 화려한 느낌을 줍니다. 그래서 방송인들은 카메라 발이 잘 받는 채도 높은 화려한 의상을 많이 입는답니다.

색상별로 알아보는 색의 느낌

색이 이렇게 다양한 심리적 이미지를 갖고 있다니! 알고는 있었지만 명확하게 정리한 적은 없었을 거예요. 그런데 이렇게 색의 심리적인 이미지들을 정확하게 알고 나면, 겉으로 보여지는 우리의 외적 이미지를 가꾸는 데에도 활용할 수 있어요.

그러니까 우리의 외적 이미지를 가꾸는 데 색은 선물 같은 존재인 거죠. 이번에는 색상별로 색이 주는 느낌을 좀 더 알아볼게요?

RED

- **긍정적 이미지_** 정열, 감동, 용기, 힘, 생명력, 에너지, 사랑, 개방적
- **부정적 이미지_** 색, 피, 악마, 뜨거움, 죽음, 금지, 비도덕적, 흥분, 욕정

빨간 신호등, 빨간 드레스, 빨간 스포츠카 등을 보면 '화려하다', '야하다'와 같은 느낌이 든다고 했었죠. 그런 것처럼 붉은색은 열정과 용기, 힘 등의 긍정적인 이미지를 전달하기도 하고 욕정, 피, 악마, 금지 등의 부정적인 이미지를 지니게도 합니다. 모든 이미지는 양날의 검처럼 긍정적 이미지와 부정적인 이미지를 함께 지니고 있어요. 그래서 상황에 맞게 적절하게 사용하는 것이 중요합니다.

- **긍정적 이미지_** 역동적, 생동감, 에너지, 성과, 활기, 창조, 화려함, 사교적
- **부정적 이미지_** 변덕, 경계, 불안, 싼, 귀찮음, 허풍, 충동

생동감 있고 에너지 넘치는 오렌지 색. 당신이 추구하는 이미지가 오렌지 색이 지닌 긍정적 이미지라면 변덕이나 허풍과 같은 부정적인 이미지를 경계하며 활용해야 해요. 어떻게 경계하냐고요? 방법은 간단해요. 당신이 혹시 평소에 변덕스럽거나 귀찮음이 심한 이미지로 인식되고 있었다면, 당장 오렌지색 티셔츠는 벗어버리세요! 반면 당신의 아이가 너무 얌전하고 조용한 성격이라면 오렌지색 티셔츠를 입혀보는 게 방법이겠죠?

- **긍정적 이미지_** 상상력, 아이디어, 창작, 기쁨, 천진난만함, 시선집중
- **부정적 이미지_** 위험경고, 주의, 질투, 기만, 편견, 파괴, 신경질

혹시 잘못한 일이 있어서 '용서'를 구할 일이 있다면, 용서의 색인 '노란색'을 입고 가세요. 노란 유치원복을 입은 천진난만한 유치원생처럼 어미 닭을 졸졸 따라 다니는 사랑스러운 병아리 같은 이미지로 당신의 사과가 더 힘을 발휘할 수 있을 것입니다. 다만! 믿음직스럽지 못한 느낌을 줄 수 있으니 책임감 있게 진행해야 할 일을 맡아야 할 땐 주의하세요. 여러분도 유치원생에게 중요한 일을 맡기지는 않잖아요?

GREEN

- **긍정적 이미지_** 신선, 휴식, 생명력, 자연, 신뢰성, 젊음, 희망, 안전, 풍성
- **부정적 이미지_** 미숙함, 질투, 자기억제, 시기심, 탐욕, 부식

눈의 피로를 덜어주고, 마음을 안정시켜주고, 자연을 상징하는 색이죠. 봄날의 파릇파릇 올라오는 새싹의 생명력을 느끼게도 하며 신선하고 젊은 이미지를 주네요. 그래서인지 석유개발 회사나 원자력 회사들의 로고가 초록색인 경우가 많아요. 아마도 지구를 오염시킨다는 이미지를 피하기 위해서 초록색의 힘을 이용하는 것이겠죠. 혹시 당신이 무엇인가에 초보자라면 초록색이 주는 미숙함의 이미지를 조심하는 것이 좋겠네요.

BLUE

- **긍정적 이미지_** 신뢰성, 자신감, 생동감, 고요함, 순수, 신뢰, 신중
- **부정적 이미지_** 독선적, 우울함, 슬픔, 권위적, 낙담, 의심, 불행, 냉정

면접을 보는 취업준비생, 반장 선거 나가는 어린이, 중요한 프레젠테이션을 앞둔 직장인. '신뢰감'이라는 무기가 필요한 당신에게 추천하는 색! 신뢰와 자신감의 색 '파란색'입니다. 물론 영화 〈마스크The Mask〉의 짐 캐리가 입을 법한 새파란 색의 정장을 말하는 것은 절대로! 결코! 아닙니다. 푸른 빛이 도는 당신에게 잘 어울리는 정장을 골라 입으라는 거죠. 우울증이 생기거나 당신의 아이가 너무 조용한 성격이라면 파란색은 우울증을 심화시킬 수 있으니 피하는 것이 좋습니다.

PURPLE

- **긍정적 이미지_** 신비함, 우아함, 위엄, 신비로움, 판타지, 독창성, 지혜
- **부정적 이미지_** 우울함, 외로움, 허영심, 예민함, 우울, 고독, 죽음의 고통

오랜만에 나가는 동창회. 각종 부부동반 모임. 그냥 왠지 나의 매력을 마구 발산하고 싶은 그런 날. 도대체 뭘 입어야 할지 모르겠다면, 보라색을 활용해보세요. 색의 스펙트럼에서 파장이 일정치 않아서 신비함을 느끼게 해주는 색이거든요. 사람마다 보라색에 대한 느낌이 다르게 나타나기도 하고요. 당신의 우아함과 신비로움을 뽐내고 싶다면 당장 선택해보세요. 다만! 고급스러운 이미지의 보라색은 '친서민적' 이미지를 활용해야 하는 선거에는 적당하지 않아요.

WHITE

- **긍정적 이미지_** 순수, 순결, 청결, 신회, 평화, 단순, 세련, 우아
- **부정적 이미지_** 단조로움, 무기력, 두려움

BLACK

- **긍정적 이미지_** 세련, 힘(차가운), 압도, 신비, 당당함, 위엄, 권위, 교양
- **부정적 이미지_** 절망, 슬픔, 불안, 공포, 침묵, 허무, 고독, 사치

순백의 드레스와 장례식의 검은색 상복. 삶과 죽음. 시작과 끝을 의미하는 흰색과 검정색입니다. 흰색과 검정색은 이렇게 대비되는 이미지를 지니고 있어요. 하지만 우리가 가장 흔하게 입는 옷의 색상이기도 해요. 그래서 익숙한 흰색과 검정색에 대해 잠시 간과하고 있는 것이 있답니다.

미묘한 명도 차이로 인해 만들어지는 수많은 하얀색과 검정색 말이죠. 차가운 느낌이 드는 새 하얀색도 따뜻한 느낌을 주는 아이보리 색도 우리는 일단 흰색이라고 부르잖아요. 하지만 명도 차로 만들어지는 각각의 흰색마다 이미지는 다르게 연출됩니다. 물론 검정색도 당연히 그렇고요.

그래서 흰색과 검정색의 이미지는 통합적인 커다란 이미지로 기억하기보다는, 명도 차이에 따라 다양한 느낌을 줄 수 있다고 기억하는 것이 바람직해요. 특히 옷의 경우에는 소재와 질감에 따라 다양한 느낌으로 표현되기에 그 느낌을 적절히 활용해야 합니다.

주변색과 비슷하게 보이고자 하는 색의 성질 - 동화현상

지금까지 색의 다양한 심리현상과 색이 지닌 각각의 이미지에 대해 이야기해 보았습니다. 다양한 색의 이미지를 활용해서 개인이 스스로가 원하는 이미지로 연출이 가능할 수 있는 이유는, 바로 고마운 '동화현상同化現象, Phenomenon of assimilation' 덕분이랍니다.

동화현상이 뭐냐고요? 동화현상이란 하나의 색이 다른 색에 둘러싸였을 때, 둘러싸인 색이 주변의 색과 비슷하게 보이는 현상을 말합니다.

이 현상은 둘러싸인 색의 면적이 작은 경우, 또는 둘러싸인 색이 주위의 색과 유사한 경우 등에 일어나기 쉬우며 색 대비와는 반대로 색과 색이 똑같이 되려고 하는 것 같이 보입니다. 색의 3속성 중에서 명도차에 의한 동화현상이 가장 현저하게 나타나죠.

조금 어렵다고요? 쉽게 설명해보겠습니다. 그림을 보세요.

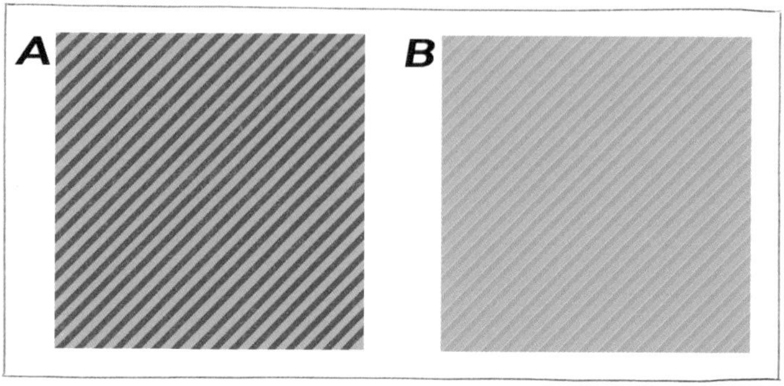

A와 B의 바탕색은 분명 똑같은 분홍색입니다. 그런데 빨간 얇은 선을 더했을 뿐인데, A의 분홍이 더 붉게 보이네요.

회색선을 더한 B는 연한 분홍색으로 보입니다. 이것이 바로 색의 동화현상입니다. 같은 색의 바탕에 어떤 색을 더하느냐에 따라 색의 이미지가 바뀌는 것. 이제 눈으로 확실히 확인했죠?

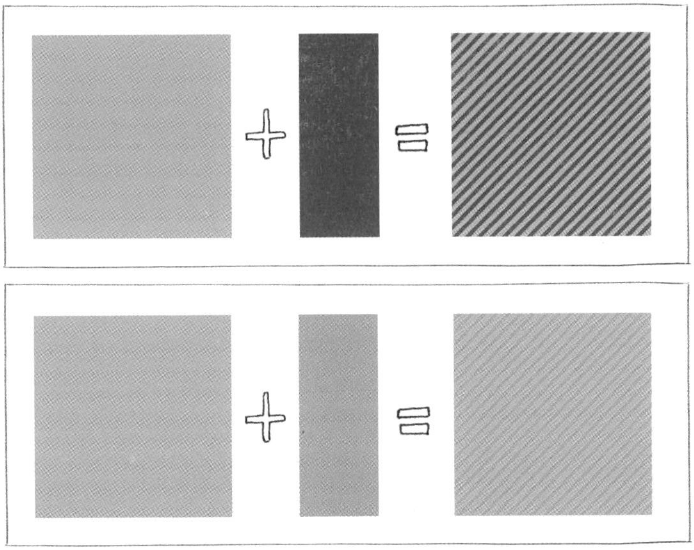

동화현상을 보여주는 그림을 좀 더 준비했습니다. (뒤 페이지를 보세요.) 분명히 같은 바탕색임에도 불구하고, 위에 겹쳐진 선의 색이나 두께에 따라 바탕색이 다르게 보입니다. 다르게 보이는 것을 넘어서서 색의 이미지가 다르게 느껴지기도 합니다.

색의 심리적 이미지 동화현상이 일어나는 것을 눈으로 확인할 수가 있지 않나요? 따뜻하게 혹은 차갑게, 선명하게 혹은 연약하게~

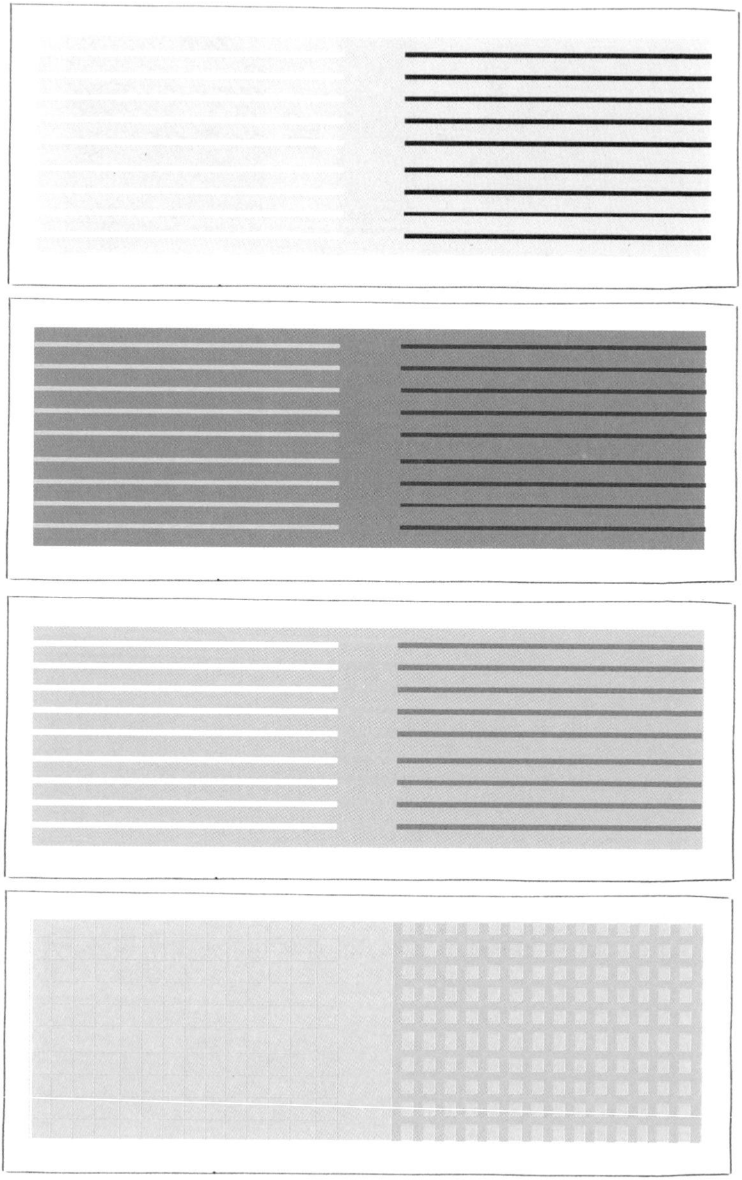

동화현상을 이용한 색의 마케팅

동화현상을 이용한 마케팅은 우리 주변에서 쉽게 볼 수 있습니다. 당장 슈퍼마켓에만 가도 확인할 수 있어요. 예를 들면 귤이나 양파 등은 붉은색 망에 담겨 있죠? 그 이유는 붉은 색 망에 넣어둔 쪽의 귤이 더 잘 익어 맛깔스럽게 보이기 때문입니다.

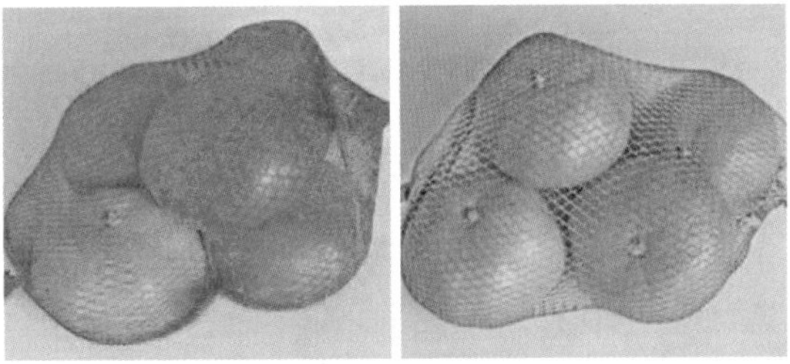

생각해보세요. 만약 귤을 푸른색 망에 넣어 판다면? 원래 귤의 색보다 푸르게 덜 익어 보이겠죠? 그러면… 당연히 먹음직스러운 느낌이 줄어 판매량에도 영향을 미칠 거예요.

반대의 경우도 있어요. 푸르게 보여야 하는 오이, 호박, 고추 등의 초록색 야채는 푸른색 망에 넣어서 싱싱하게 보이게 하죠. 더 싱싱해보여야 잘 팔릴 것이니 이 또한 색의 동화현상을 이용한 마케팅 방법이라 할 수 있어요.

식욕을 돋우는 컬러 찾기

색을 이용한 마케팅 이야기를 하나 더 하자면 패밀리 레스토랑의 조명은 약간 노란빛을 띠는 '백열등'을 활용합니다. 푸른빛을 띠는 형광등보다 전기료도 더 많이 나오는데 말이지요. 그 이유는?

붉은색 계열이 우리의 입맛을 더욱 돋아주기 때문이죠. 같은 이유로 패밀리 레스토랑의 테이블보는 붉은색 계열의 오렌지색이나 빨강색을 많이 활용한답니다.

혹시 다이어트를 한다면 붉은색보다 푸른색 계열을 자주 보는 것이 도움이 됩니다. 붉은색은 식욕을 자극하고 푸른색은 식욕을 감퇴시킨다고 해요. 음식이 상하게 되면 생기는 푸른 곰팡이를 우리도 모르게 연상해서 그렇다고 하네요. 인체의 신비로운 작용으로 상한 음식을 피하려는 우리 몸의 자가보호 체계라는 설도 있습니다.

자, 여기 동일한 두 식당이 있습니다. 주된 색이 다를 뿐이죠. 어느 식당에서 나오는 음식이 더 맛있을 거 같은가요? 먹어보지 않으면 결코 알 수 없지만, 장사는 붉은 계열을 주된 색으로 쓰는 식당

이 더 잘 되는 것으로 알려져 있습니다. 왜냐하면 푸른색은 식욕을 떨어트리는 색이니까요. 한참 인터넷 뉴스로 자주 보였던, 식욕 떨어트리는 음식 사진이 푸른색으로 되어 있는 것도 같은 원리! 하지만 푸른색이라고 해서 다 나쁜 것은 아니니 오해 마세요. 신뢰의 색인 푸른색을 활용한 컬러 마케팅도 많답니다.

기업 로고 색깔에 담긴 이미지

우리 주변에서 쉽게 볼 수 있는 글로벌 기업들의 로고를 색깔별로 모아봤어요. 한눈에 그 기업에서 어떤 이미지를 주고 싶었는지 쉽게 알 수 있어요.

신뢰감을 주는 파란색을 로고로 하는 기업을 먼저 찾아보세요. 고객이 믿음을 가지고 '돈'을 맡기는 은행의 로고가 일단 눈에 띄네요. 고가이기에 제품의 질을 믿고 구매해야 하는 전자제품 등을 만

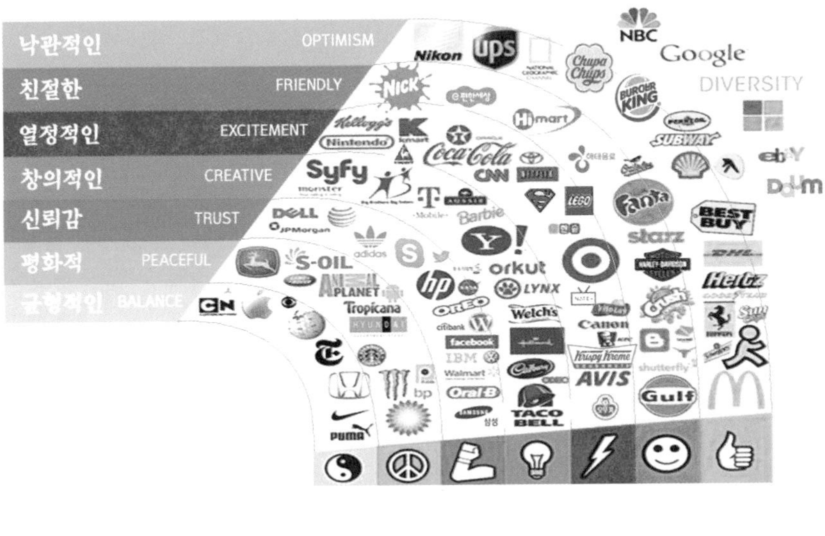

드는 회사들도 보이고요. 모두가 신뢰를 활용한 마케팅이 절실한 회사들이 대부분입니다.

나를 흥분시키는 단어. 내 마음의 두근거림을 선물하는 단어. 빨간 글씨로 쓰인 SALE. 이 단어가 항상 빨간색으로 쓰이는 이유는 우리를 무절제하고 열정적이게 만들며 흥분시키는 색이기 때문입니다. 여자에게 빨간색 SALE이라는 단어는 황소를 흥분시키는 투우사의 빨간 천이나 다름없으니까요. 그래서 붉은색 계열의 색을 대표 이미지로 차용한 기업들은 '지갑을 여는 것'이 중요한 쇼핑센터나 냉철한 판단력보다는 열정적인 감성을 자극하는 것이 유리한 기업들로 배치되어 있습니다.

이처럼 기업들은 고객에게 전달하고 싶은 대표적인 이미지를 강조하는 색을 사용하여 로고를 만들거나 약점이 되는 이미지를 보완하는 대조적인 색을 활용해서 로고를 만듭니다.

그러면 다양한 색을 활용한 기업들은 도대체 어떤 기업이냐고요? 단순하게 생각하세요. 다양한 이미지를 전달하고 싶을 뿐이랍니다. 그 기업이 활동하는 넓은 영역과 그들이 전달하고 싶은 다양한 메시지를 로고로 표현했다고 생각하면 되겠네요.

이렇게 색은 우리 생활과 밀접하게 연관되어 있고 전략적으로 활용되고 있습니다.

기업이 그러하다면 개인도 색을 적용할 수 있지 않을까?

지금까지 색의 이미지가 전달되는 동화현상과 그 과정을 눈으로 확인해보았습니다. 다양한 색의 이미지를 활용해서 사물과 색의 대상이 주는 이미지를 변화시키는 것도 알게 되었고요. 기업 또한 그 기업이 추구하는 가치와 이미지를 위해 색을 적극적으로 이용한다는 것도 살펴보았습니다.

이러한 동화현상은 사람에게도 작용됩니다. 사물을 떠나서 사람에게도 색의 이미지가 전달되어 이미지 연출이 가능하다는 것인데요. 그러니까 동화현상 덕에 우리는 다양한 색의 이미지를 활용해서 우리의 매력을 높여줄 나만의 색을 찾는 것이 가능한 거죠.

우리는 그것을 '퍼스널 컬러'라고 부릅니다.

줄무늬 티셔츠 하나를 고를 때도 우리는 고민을 할 수밖에 없습니다. 티셔츠의 줄무늬의 두께와 배열에 따라, 색의 변화와 조합에 따라, 주도적인 색의 이미지에 따라, 당신의 이미지가 변화하기 때문이죠.

얼굴 근처의 색, 그러니까 처음 배웠던 '증명사진 영역'의 컬러가 우리 얼굴의 이미지를 가장 크게 변화시키니 티셔츠의 색이라고 아무거나 입을 수는 없겠죠?

한 번은 저의 강의를 들었던 분이 "색을 알고 나니 인생이 피곤해졌다."고 말하더군요. 알아버리고 나니 신경 써야 할 것이 너무 많이 생겼다며 말이죠.

하지만 늘 예민하게 신경 쓰며 지낼 이유는 없어요. 필요한 순간 적절하게 활용할 수 있다면 충분합니다.

'원하는 순간 원하는 이미지로 보일 수 있도록
색을 활용할 수 있다면 그것만으로 충분하다!'

꼭 기억하세요.

05

이미지 승부사, 퍼스널 컬러

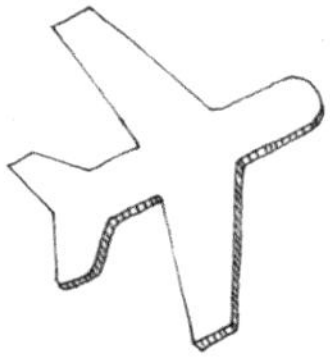

퍼스널 컬러Personal color란 "개인에게 어울리는 색의 군群"을 이야기합니다. 색이 지니는 여러 가지 인상과 이미지, 심리적인 효과를 활용하여 '비언어적 의사소통'의 방법으로 개인을 호감 있는 인상으로 연출하는 것이 바로 퍼스널 컬러를 이용한 '이미지 메이킹'이지요.

그리고 개인에게 가장 잘 어울리는 색의 군을 찾기 위해 '퍼스널 컬러 진단 천Drape'을 활용하는 것을 '퍼스널 컬러 진단'라고 합니다. 퍼스널 컬러에서는 '어울리다'라는 개념이 중요한데요, 여기서 말하는 '어울림'이란 외모뿐만 아니라 내면적인 면도 포함하는 '어울림'을 말하는 것입니다.

퍼스널 컬러를 이야기하면 많은 분들이 똑같은 질문을 합니다.

"나의 퍼스널 컬러는 어떤 색인가요?"

아마 지금 여러분들도 같은 생각을 할지 모르겠네요. 그런데 안타깝게도 그 질문에는 답해줄 수가 없습니다. 왜냐하면 질문이 잘못되었기 때문입니다. 퍼스널 컬러의 정의는 '개인에게 어울리는 색의 군'이기 때문이죠. 하나의 색이 아닌 '색의 군'을 찾아야 하니 대답을 할 수가 없는 것입니다.

만약 제가 "당신은 파란색이 어울립니다."라고 말한다면 여러분은 평생 '파란색'만 입을 건가요? 그럴 수는 없겠죠? 그래서 어울리는 색이 아닌 색의 군을 찾자는 것입니다.

나와 어울리는 빨강색

나랑 어울리는 파란색

나랑 어울리는 검정색

나랑 어울리는 녹색

나랑 어울리는 노란색

나랑 어울리는 보라

이와 같은 다양한 색 중에서 색상, 명도, 채도를 이용한 과학적 분석을 통해 합리적으로 이해할 수 있는 색의 군을 찾는 것이 퍼스널 컬러입니다. 이제 이해가 되었나요?

어울리는 '색의 군'이라니! 도대체 무슨 말인지, 아직도 이해가 갈듯 말듯한 분들을 위해 잠시 정리하고 넘어가기로 하지요.

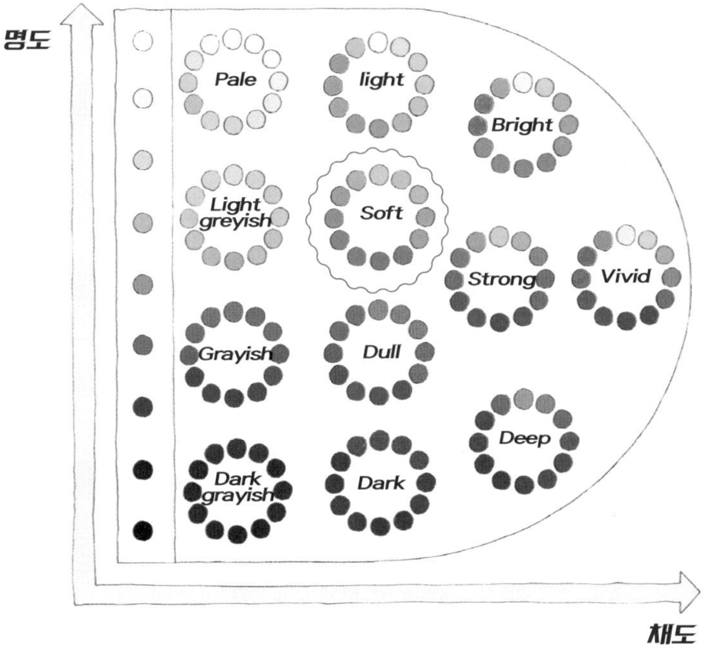

앞에서 살펴보았던 'PCCS 톤별 색상환'입니다. 색을 색상/ 명도/ 채도 기준으로 분류하고, 동일한 톤의 색끼리 그룹을 지어둔 것이지요.

저의 퍼스널 컬러 톤인 '소프트톤'을 예로 들며 이야기를 계속해보죠. 소프트 톤은 중명도, 중채도의 색으로 이루어진 군입니다. 소프트톤 내의 모든 색은 동일한 명도와 동일한 채도를 가지고 있어서 비슷한 느낌을 전달합니다.

그래서 저는 빨간 드레스가 입고 싶은 날도, 카리스마 넘치는 푸른빛이 도는 바지 정장을 입고 싶은 날도, 밝고 에너지 넘치는 느낌의 오렌지색 맨투맨 티셔츠를 입고 싶은 날도, 저의 퍼스널 컬러로 옷을 입을 수 있습니다. 이렇듯 나의 매력을 높여줄 '나만의 색의 군' 이것이 퍼스널 컬러입니다.

옐로우 베이스 컬러 Vs 블루 베이스 컬러

퍼스널 컬러를 알기 위해 꼭 이해하고 넘어가야 할 것이 있습니다. 바로 옐로우 베이스 컬러와 블루 베이스 컬러인데요.

앞서 이야기한 색의 온도, 따뜻한 색과 차가운 색 기억나나요?색의 온도를 나누는 따뜻한 느낌과 차가운 느낌이 바로 옐로우 베이스와 블루 베이스입니다. 좀 더 쉽게 이해되도록 예를 들어볼게요. 일단 오른쪽 그림을 보시죠.

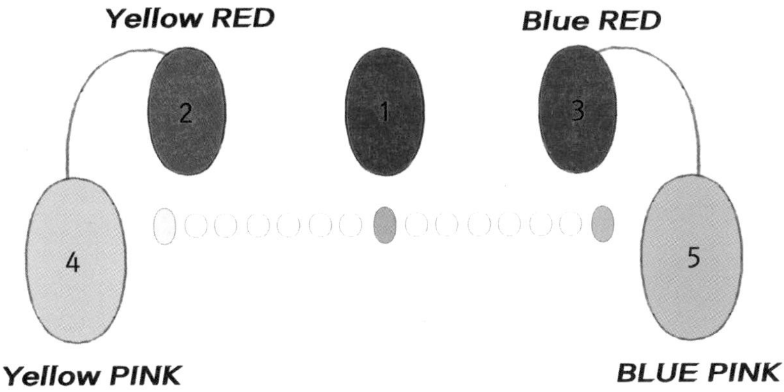

빨간색을 보면 우리는 따뜻한 느낌을 받습니다. 하지만 빨간색에도 차가운 빨간색, 따뜻한 빨간색이 있죠.

기준이 되는 1번 빨간색이 있습니다. 이 빨간색에 노란색을 한 방울 섞어주면 오렌지 빛이 도는 2번 빨간색이 됩니다. 이렇게 노란색이 섞여진 빨간색은 따뜻한 느낌을 지닙니다. 이번에는 기준이 되는 1번 빨간색에 파란색을 한 방울 섞습니다. 그러면 푸른빛이 도는 3번 빨간색이 됩니다. 파란색이 섞여진 빨간색은 차가운 느낌을 지닙니다. 분명 다른 색이지만 빨간색이라 불릴 수 있는 이 세 가지 붉은색 계열의 색상은 각각의 온도를 갖게 됩니다.

이런 식으로 노란색을 섞어 따뜻한 느낌이 나는 색을 옐로우 베이스 컬러Yellow base color, 파란색을 섞어 차가운 느낌이 나는 색을 블루 베이스 컬러Blue base color라고 합니다.

하나 더 해볼까요? 빨간색에 흰색을 섞으면 분홍색이 되지요? 만약 2번 옐로우 레드에 흰색을 한 방울 섞어준다면 1번 옐로우 핑크가 됩니다. 반대로 3번 블루 레드에 흰색을 한 방울 섞어준다면 5번 블루 핑크가 만들어지지요. 이제 여러분은 옐로우 핑크와 블루 핑크 또한 구별할 수 있게 되었습니다.

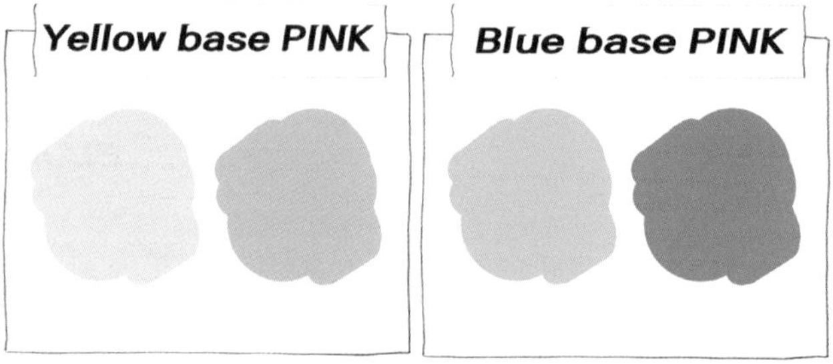

아래 그림은 옐로우 베이스 컬러와 블루 베이스 컬러를 나란히 나열해 본 것입니다. 따뜻하고 밝은 느낌이 드는 옐로우 베이스와 차갑고 냉정한 느낌이 드는 블루 베이스 구분이 더욱 분명히 느껴지지 않나요?

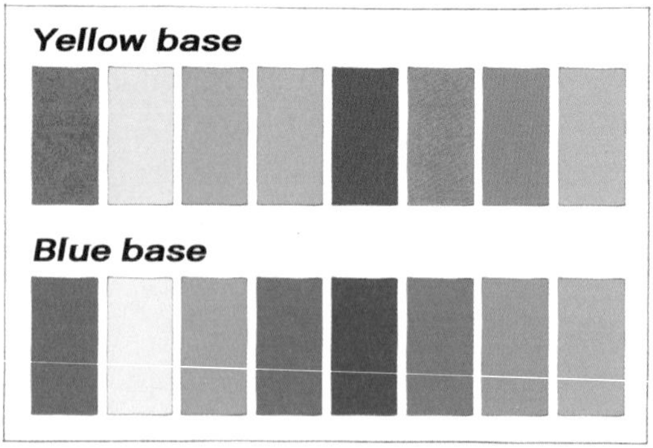

따뜻한 느낌의 파란색 Vs 차가운 느낌의 파란색

따뜻한 느낌의 보라색 Vs 차가운 느낌의 보라색

따뜻한 느낌의 초록색 Vs 차가운 느낌의 초록색

옐로우 베이스와 블루 베이스를 모르는 상태에서 만약 위와 같은 색을 구분하라고 했다면, 여러분은 "도대체 무슨 말이야?"라고 당황했을지도 모릅니다.

하지만 이제 우리는 아주 자연스럽게 구분할 수 있습니다. 여러분의 매력을 높여줄 퍼스널 컬러에 한 발짝 더 가까워진 것입니다.

자, 그럼 이왕 색의 온도, 옐로우 베이스와 블루 베이스를 이해한 김에 청색과 탁색을 다시 한 번 떠올려 볼까요?

맑고 청명한 느낌이 나는 색은 청색, 회색을 섞어 탁한 느낌이 나는 색을 탁색이라 했습니다. 이렇게 정리하는 이유는 퍼스널 컬러

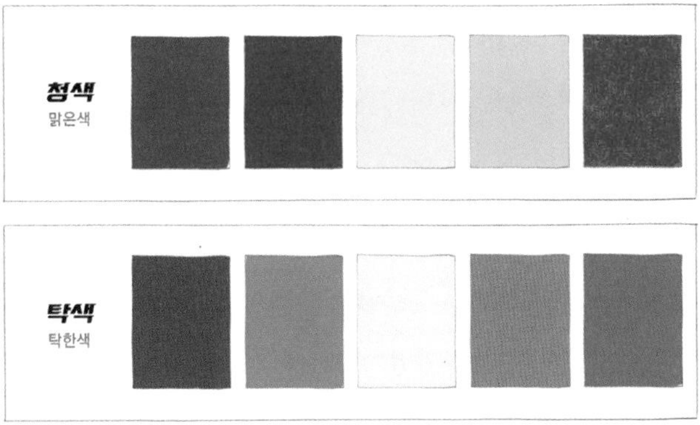

를 진단할 때, 옐로우 베이스와 블루 베이스, 청색과 탁색. 이 두 가지를 구분하는 것이 중요하기 때문입니다.

좋아하는 색 Vs 어울리는 색

당신은 어떤 색을 좋아하세요? 당신이 입었을 때 가장 잘 어울리는 색은 어떤 색인가요? 혹시 오늘 옷을 고를 때 어울리는 색이 아닌 유행하는 색의 옷을 입은 건 아닌가요?

안타깝게도 '좋아하는 색'과 '어울리는 색'은 다를 수 있습니다. 왜 이런 이야기를 하냐고요? 지금 당신이 입고 있는 옷이 당신의 매력을 반감시키는 옷일 수 있어서랍니다.

만약 어울리지 않는 색의 옷을 입었다면, 얼굴색은 어둡고 아파보이며 다크써클과 주름은 더 깊고 진하게 보일 것입니다. 심지어 실제 몸무게보다 5Kg 이상 뚱뚱해보일 수도 있습니다.

재미있는 일화를 들려드릴게요. 어느 여대에 취업을 위한 이미지메이킹 특강을 나갔을 때입니다.

강단에 올라서자마자 강의실에 가득 찬 여대생들의 입술을 보고 저는 놀랄 수밖에 없었습니다. 강의실 안에 있는 학생 대부분이 같은 색의 립스틱을 바르고 있었기 때문이죠. 그 당시 〈별에서 온 그대〉라는 드라마에서 전지현이 바르고 나온 '천송이 립스틱'이 선풍적인 유행이었습니다.

하지만 아무리 유행이라고 해도, 한 공간에 모인 수많은 학생들이 '천송이 립스틱'을 바르고 있을 줄이야.

그런데 그보다 더 놀라웠던 것은!

어울리는 사람이 5%도 되지 않았다는 것입니다. 심지어 어떤 사람은 유행한다고 바른 그 립스틱이 얼굴을 탁하고 칙칙하게 만들고 있었습니다.

그래서 그 강의에서 저는 '천송이 립스틱'이 어울리는 사람과 어울리지 않는 사람을 강단으로 불러 색의 어울림에 대해 설명하고 안 어울리는 사람에게는 적합한 색의 입술 컬러를 제안해주는 방식으로 강의를 진행했지요.

색을 고를 때는 유의해야 할 점이 있습니다. 좋아하는 색이나 유행하는 색은 시시때때로 사회 분위기나 기분, 눈의 피로도에 따라 변할 수 있다는 것입니다. 그러므로 나의 매력을 높여줄 진짜 나만의 퍼스널 컬러는 신중히 선택해야 합니다.

자, 다음 페이지의 사진을 보고 어울리는 색을 선택했을 경우와 어울리지 않는 색을 선택했을 때의 얼굴 느낌을 보세요.

차이가 느껴지나요? 어울리는 색을 입으면 훨씬 부드럽고 여성성이 돋보입니다. 색이 우리에게 주는 영향은 이렇듯 크고 힘이 셉니다.

이렇게 이야기하니 나는 오늘 잘 입었나 걱정되면서, 나에게 잘 어울리는 옷의 색은 무엇일까? 나의 퍼스널 컬러는 무엇일까? 궁금해지지 않나요?

당신에게 어울리는 색을 가장 잘 아는 사람은 당신의 주변 사람들입니다. 어울림과 어울리지 않음을 정하는 것은 싫고 좋고를 정하는 것에 비해 객관적인 요소가 크기 때문입니다. 즉 나는 내가 제일 잘 안다면서 타인의 말을 귀 기울여 듣지 않으면 어울리는 색은 결코 찾을 수 없습니다. 거울 속의 나는 실물과는 다른 허상이란 것 기억하며 타인이 보는 진짜 나에게 집중해보세요.

어떻게 해야 하냐고요?

평소와 다름없는 어느 날. 주변 사람들이 당신에게 "오늘 왠지 예쁜데?", "왠지 멋있는데?" 이런 이야기를 하는 날이 있을 겁니다. 스스로 거울을 봐도 내 자신이 잘 생기고 예뻐 보이는 그런 날이요. 그 날 평소와 다른 것을 찾아보세요. 셔츠 색이 바뀌었는지 헤어 컬러나 립스틱 컬러가 바뀐 것은 아닌지 말이죠.

어떤 옷은 입을 때마다 "살 빠졌냐?", "예뻐졌다" 등의 말을 듣게 됩니다. 그런 날 함께 했던 색이 바로, 당신의 인상을 돋보이게 해주는 당신의 '퍼스널 컬러'입니다.

지금까지 이야기한 퍼스널 컬러에 대해 잠시 정리를 해보도록 하지요. 여러분도 다시 한 번 떠올려보세요.

1. 퍼스널 컬러란 '개인에게 어울리는 색의 군(群)'이다.
2. 퍼스널 컬러 진단이란 색상, 명도, 채도를 바탕으로 어울리는 색을 분석하는 것이다.
3. 컬러 이미지 메이킹이란 각각의 색이 지닌 심리적 이미지를 활용하는 것이다.
4. 동화현상이란 하나의 색이 다른 색에 둘러싸였을 때, 둘러싸인 색이 주위의 색과 비슷하게 보이는 현상을 말한다.
5. 동화현상은 사람에게도 적용되기에 컬러 이미지 메이킹이 가능하다.
6. 좋아하는 색과 어울리는 색은 다를 수 있다.

7. 어울리는 색을 입었을 경우 사람의 매력을 증가시킬 수 있다. 반대로 매력을 반감시킬 수도 있다.

8. 전문가에게 퍼스널 컬러를 진단 받은 후에도 색을 구분하지 못하면 퍼스널 컬러를 활용하기 힘들다.

지금까지 색의 정의/ 색 구별법/ 동화현상/ 퍼스널 컬러/ 컬러 마케팅/ 컬러의 이미지 등 퍼스널 컬러를 알기 위해 정리해보았습니다. 이제 '색 보기 훈련'만 거친다면 퍼스널 컬러를 진단한 후 활용할 수 있는 자질을 갖추게 됩니다. 색은 눈을 통해 감지되어 뇌에 전달되고 파악하는 것이기에 개인마다 감도(느끼는 정도)가 다른 것이

색을 보는 눈의 시세포

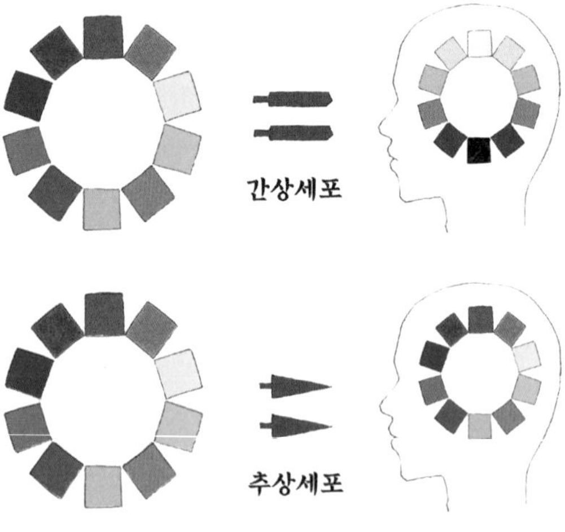

당연합니다. 사람마다 '명암을 감지하는 간상세포'와 '색을 구분하는 추상세포'의 숫자가 다르기 때문이죠. 또한 매일의 컨디션이나 날씨, 광량(빛의 양)에 따라 간상세포와 추상세포가 불규칙적으로 활동하기에 매일 같은 색을 본다고 해도 다르게 보일 수 있습니다.

또한 색은 학습되는 것이기에 다양한 색을 많이 볼수록 색을 구분하는 능력이 발달됩니다. 즉 '색 보기 훈련'이 동반되어야만 지금까지 쌓은 지식을 활용하기가 용이해지는 것이죠. 와인을 감별하는 소물리에처럼 색도 수많은 경험을 통해야만 더욱 섬세하게 색을 구별하고 진단할 수 있습니다.

여기서 명심할 것! 색은 심리적인 변화에 따라, 주관적인 감각에 따라 다를 수 있기 때문에 색상/ 명도/ 채도를 기준으로 과학적이고 객관적인 진단을 하기 위해 노력해야 합니다.

이미지 승부사 퍼스널 컬러의 조명

색에 대한 인간의 호기심과 연구는 고대 그리스 시대부터 시작되었습니다. 당시에는 회화 예술로 집중된 색에 대한 연구였는데 20세기 들어 미국을 중심으로 색채학(색채 현상의 본질을 밝히며 색과 인간의 생활과의 상호관계를 연구하는 학문)을 일상에 도입하는 시도가 시작되었지요. 색채심리를 활용한 인테리어의 색 선정, 배색 방법 등이 알려지면서 20세기 중반에는 색채심리를 개인에게 활용하는 프로페셔널 컬러 컨설팅과 '퍼스널 컬러'가 등장하게 되었습니다. 즉 색채학을 생활 속에서 활용하다가 사람에게 적용하기 시작한 것이죠. 참, 퍼스널 컬러가 세상에 널리 알려지게 된 사건이 있습니다. 어떤 사건인지 궁금하죠?

1960년 미국에서는 제37대 대통령 선거가 한창이었습니다. 민주당 후보는 케네디John F. Kennedy였고 공화당 후보는 닉슨Richard Nixon이었죠. 당시에는 라디오 토론회가 주요 선거수단이었기 때문에 뛰어난 언변을 선보인 닉슨이 케네디를 꽤나 앞서 나갔습니다.

다소 불리했던 케네디는 TV 토론회를 제안합니다. 그리고 드디어 1960년 9월 26일, 미국 역사상 첫 번째 대통령 후보자의 TV 토론회가 시작되었습니다. 그런데 이 토론회에서 두 후보의 운명이 바뀌었죠. 케네디가 단 112,827표 차이로 닉슨을 이기고 대통령에 당선된 것입니다. 도대체 어떻게 된 것일까요?

이것이 바로 '이미지 선거'의 시작입니다. 닉슨에게 유리했던 선거 흐름을 뒤집을 수 있었던 이유는 TV 토론회에서의 그의 이미지였습니다. 케네디의 젊은 이미지를 이상적인 대통령의 이미지로 만드는 데 성공한 것이죠. 닉슨과는 불과 4살 차이밖에 되지 않았는데 말입니다. 무엇이 케네디를 젊고 활기찬 대통령 이미지로 만들었을까요? 그날의 TV 토론을 보면 이해가 될 겁니다.

중심의 사회자를 기준으로 왼쪽이 케네디 후보, 오른쪽이 닉슨 후보입니다. 어떤 후보가 더 잘 보이나요? 당연히 왼쪽 케네디 후보가 더 잘 보입니다. 단지 4살 차이지만 왠지 케네디가 더 젊고 힘차 보이지요.

케네디는 흑백 TV의 특성을 이용해서 명도 차이가 극명한 화이트 셔츠에 블랙 수트를 입었고, 선명하게 보이기 위해 얼굴을 햇빛에 태닝하여 갈색의 피부톤을 연출했다고 합니다. 이런 외적 이미지 외에도 활발한 바디랭귀지로 활력이 넘치고 용기 있는 젊은 이미지를 연출했고, 카메라를 정면으로 바라봐 시청자와 대화하는 듯 다정한 이미지를 심어주었습니다.

그럼 닉슨은 어떻게 했을까요? 얼굴의 거뭇한 수염을 가리기 위해 한 화장이 조명 탓에 녹으면서 연신 땀을 닦으며 연설에 임했고, 흑백 TV에서는 흐릿한 인상을 줄 수밖에 없는 회색 정장을 선택했습니다.

그런데 놀라운 것은! TV로 연설을 들은 유권자 대다수가 케네디를 선택했고 라디오로 연설을 들은 유권자만이 닉슨을 선택했다는 후반조사가 있었다는 것이죠. 연설 그 자체는 닉슨이 더 잘했다고 볼 수 있지만 진정한 이미지 승부사는 단연코 미국의 37대 대통령 케네디였던 것입니다.

케네디가 대통령에 당선된 후, 그가 퍼스널 컬러리스트를 등용했다는 것이 뉴스를 통해 알려지면서 퍼스널 컬러는 세상에 주목을 받게 되었습니다. 물론 이후의 선거에서는 퍼스널 컬러와 이미지 메이킹이 적극적으로 활용되어 왔으며 역대 미국 대통령들은 모두 이미지의 승부사였다고 할 수 있겠습니다.

사계절 이론의 시작
컬러 미 뷰티풀

케네디의 대통령 당선으로 대중의 관심을 받게 된 퍼스널 컬러는 1981년 캐롤 잭슨Carole Jackson의 저서《컬러 미 뷰티풀Color Me Beautiful》 발매로 본격적으로 알려지게 되었습니다. '색이 나를 아름답게 한다'는 이 책은 베스트셀러가 되면서 세상에 퍼스널 컬러의 사계절 이론을 알렸지요.

사계절 이론이란 봄/ 여름/ 가을/ 겨울 각각 계절의 이미지를 색으로 표현하고 사람에게도 그 이미지를 적용하는 것입니다. 다시 말해 각각의 계절로 사람을 나누고 그 계절의 사람에게는 그 계절

의 색이 어울린다는 것을 주장하는 이론입니다. 계절 색이란 각각 계절에 자연 속에서 쉽게 만날 수 있는 색을 이야기합니다.

생기 있는 밝은 색, 봄

긴 겨울이 지나고 화려한 새싹이 피어나고 색색의 꽃이 만개하는 봄의 색은 명도가 높은 편이고 채도는 순색에 가까운 색부터 낮은 채도까지 다양합니다. 또한 옐로우 베이스Yellow Base이며 거의 모든 색이 맑은 색 계열의 밝은 톤이랍니다. 명도가 낮은 어두운 색도 맑고 밝은 편이지요. 여러분이 느끼는 봄. 그게 바로 봄의 색입니다. 색은 우리가 경험한 다양한 느낌으로 저장되기에 당신이 느끼는 그 색이 정답입니다.

아름다운 수국이 떠오르는 여름의 색, 여름

상쾌하고 시원한 느낌이 드는 여름의 색은 블루 베이스Blue Base의 명도는 높고, 채도는 중간, 탁한 색이 주를 이루며 부드러운 색이 많습니다. 수국 하면 떠오르는 색을 대표 이미지로 생각하면 쉽습니다.
여름 날 강렬한 태양과 하얀 백사장, 시원하고 상쾌한 바닷가에서 떠오르는 느낌의 색이 바로 여름의 색이랍니다.

깊고 안정적인 따뜻한 색, 가을

봄볕의 따뜻함과 가을볕의 따뜻함은 느낌이 다릅니다. 가을의 색은 옐로우 베이스의 명도는 낮고 채도는 순색만큼은 아니지만 고채도부터 저채도까지 다양하며 탁한 색이 주를 이룹니다. 가을에 많이 볼 수 있는 단풍 색. 고개 숙인 벼, 노란 은행나무 잎 등을 가을의 색이라 볼 수 있습니다. 따뜻하고 깊고 안정된 인상을 주며 사계절 색 중 노란색이 강한 계절이랍니다.

차갑고 맑고 날카롭고 강렬한 매력의 색, 겨울

하얀 눈이 내린 시린 듯 아름다운 창 밖의 모습을 떠올려보세요. 온 세상이 맑고 춥고 날카롭지만 강렬한 매력이 느껴집니다. 유명한 애니메니션 〈겨울왕국〉에서 많이 볼 수 있는 색이 겨울의 색입니다. 블루 베이스의 맑은 색이 주를 이루며, 고명도와 저명도, 순색과 저채도 같이 대조적이고 강렬한 색이 주를 이루게 됩니다. 크리스마스트리 같은 강렬하고 화려한 색도 겨울의 색이란 것, 알 수 있겠죠?

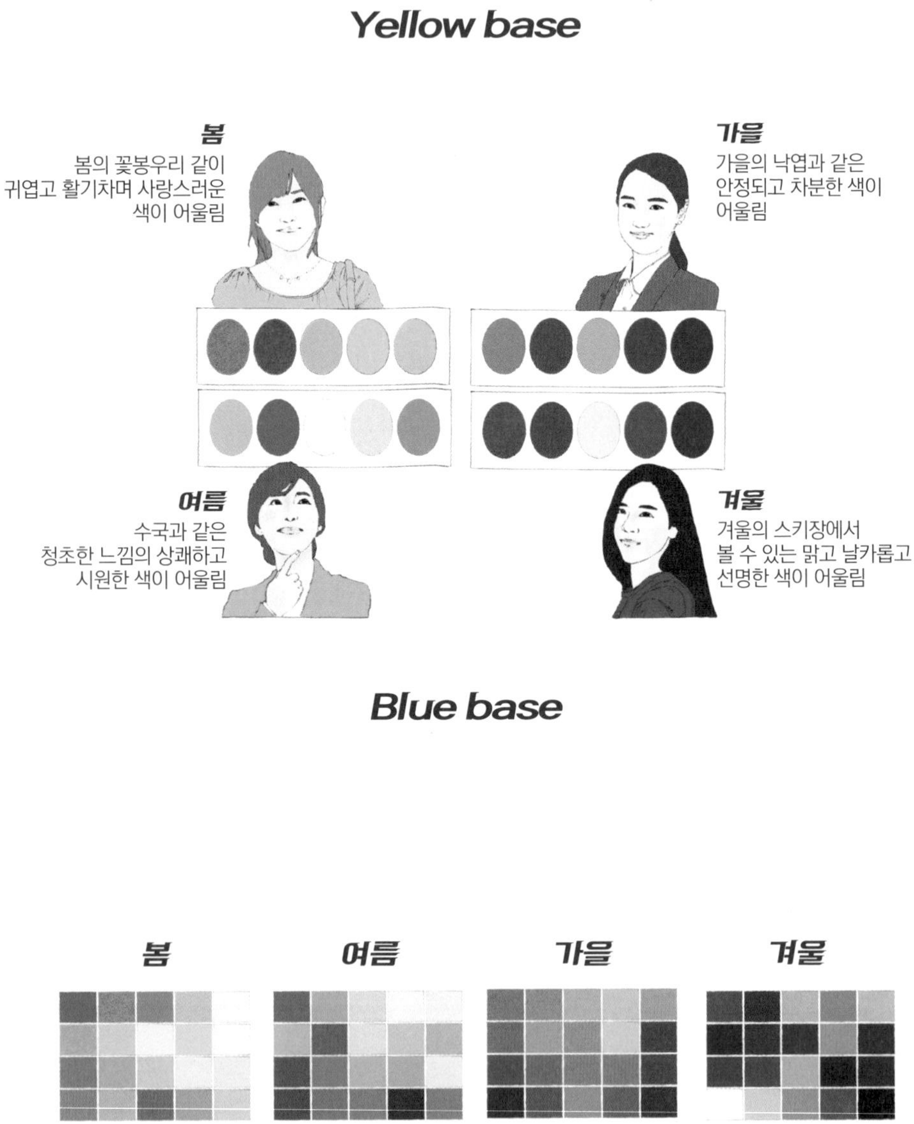
Yellow base
봄
봄의 꽃봉우리 같이
귀엽고 활기차며 사랑스러운
색이 어울림
가을
가을의 낙엽과 같은
안정되고 차분한 색이
어울림
여름
수국과 같은
청초한 느낌의 상쾌하고
시원한 색이 어울림
겨울
겨울의 스키장에서
볼 수 있는 맑고 날카롭고
선명한 색이 어울림
Blue base
봄
여름
가을
겨울

각각의 계절 색을 직접 확인해봅시다. 봄과 가을은 따뜻한 느낌의 옐로우 베이스 계열의 색이고요. 여름과 겨울은 시원한 느낌의 블루 베이스 계열의 색입니다. 봄과 겨울은 맑은 색, 여름과 가을은 탁한 색으로 보여집니다.

계절의 이미지를 사람에게서도 찾을 수 있는데요. 계절과 연결하여 사람의 이미지를 계절로 나누는 것을 '사계절 이론'이라고 합니다. 하지만 혈액형으로 모든 사람의 성격을 분류하기 어렵듯이 단 4개의 종류로 사람을 나누는 것은 그리 정확하다고 볼 수 없습니다.

그래서 사계절 이론이 점차 발전하여 8개의 분류, 12개의 분류로 세분화되다가 현재는 사람을 몇 개의 타입으로 분류하기보다 개인별 색상/ 명도/ 채도를 중심으로 진단을 해서 개인별 퍼스널 컬러를 분석합니다. 봄/ 여름/ 가을/ 겨울이라는 단 4가지의 계절로 사람을 나누기에는 각각의 개성과 매력이 너무나 달라 불가능하다는 것을 깨달은 것이죠.

퍼스널 컬러 진단을 통해 여러분 또한 자신의 매력을 십분 살려줄 컬러를 찾을 수 있습니다. 물론 넓은 의미에서 '봄에 가깝다', '여름에 가깝다', '가을에 가깝다', '겨울에 가깝다'는 식으로 나눠볼 수는 있을 것이므로 간단한 사계절 이미지 테스트는 유익하리라 생각합니다.

그런 의미에서 사계절 이미지 자가 테스트를 해볼까요?

사계절 이미지 자가 테스트

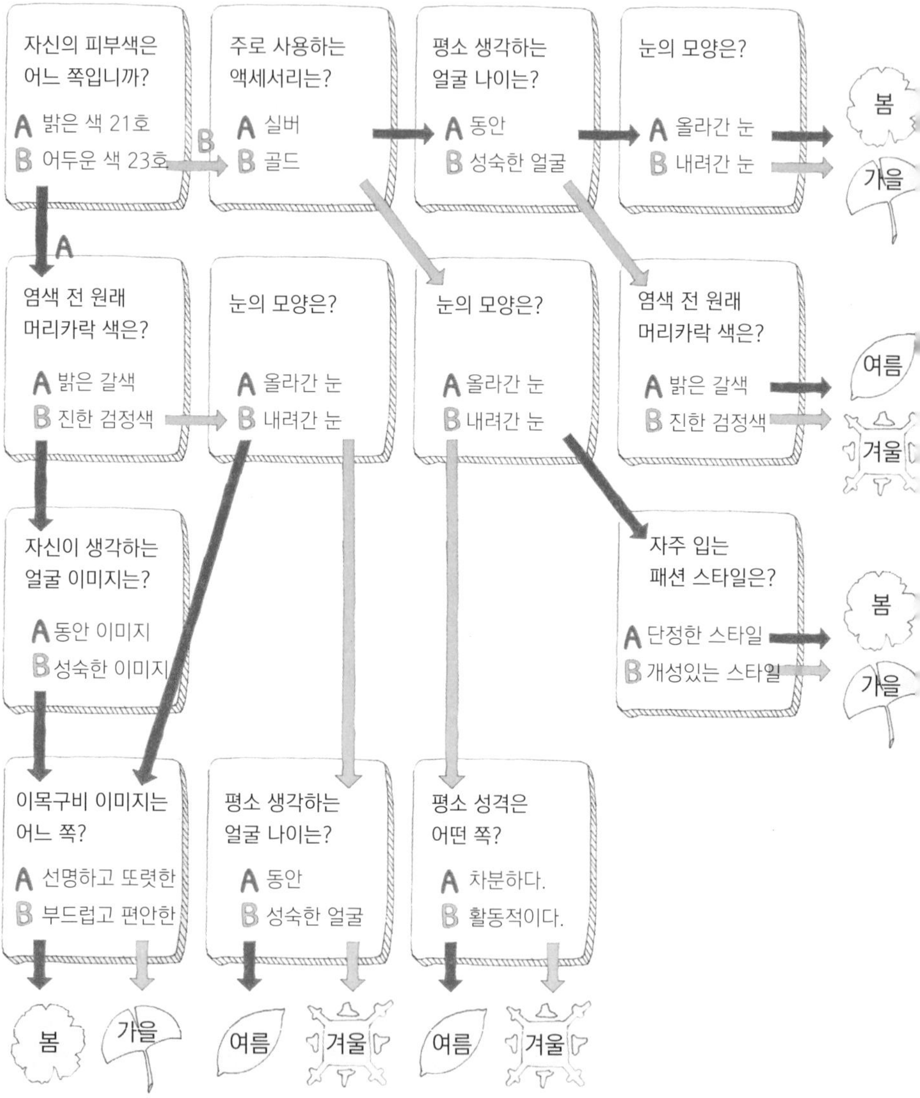

해보셨나요? 그런데 방금한 퍼스널 컬러 진단은 정확하다고는 볼 수 없어요. 정확한 진단은 진단 천Color Drape을 이용하여 전문가에게 받아야 알 수 있습니다. 지금까지 익힌 모든 것이 나의 퍼스널 컬러를 찾기 위한 것이었는데 개인이 진단할 수 없다니 너무나 큰 실망이죠? 안타깝게도 개인적으로 진단하는 것은 쉬운 일이 아니랍니다. 다만 주변의 여러 명이 함께 하면 가능합니다. 5명 이상이 모여 객관적으로 봐주고 다수의 의견을 따르면 그것인 컬러 진단의 큰 힌트가 되니까요. 그러면 자가진단 테스트를 넘어 본격적으로 전문가 진단방법을 살펴볼까요? 그 과정은 다음과 같은 순서로 이루어집니다.

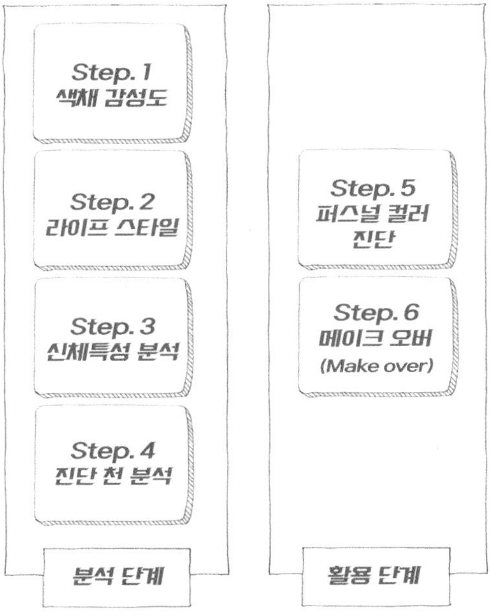

본격적인 퍼스널 컬러 진단을 위해 크게 두 단계를 거치게 되는데요. 첫 번째 분석 단계에서는 대상자의 색채 민감도를 체크합니다. 그런 다음에는 대상자의 라이프 스타일에 맞춘 이미지 컨설팅을 위해 라이프 스타일을 확인합니다. 이후 대상자의 신체를 객관적인 시선으로 분석하고, 마지막으로 진단 천을 활용해 대상자의 퍼스널 컬러 분석을 시작합니다.

두 번째 활용 단계에서는 분석 단계에서 진단된 퍼스널 컬러를 대상자에게 전달하고 메이크 오버 과정을 거칩니다. 개인의 퍼스널 컬러 진단 결과를 당사자에게 설명하고 이를 활용하는 것이죠.

말로는 어렵지요? 실제 사례를 통해 살펴보겠습니다. 어떻게 분석되는지 금방 감 잡을 수 있을 거예요.

퍼스널 컬러 진단 과정
- 중년 남성의 이미지 메이킹

1단계 : 색상환 색 배치 테스트를 통해 대상자의 컬러 감도를 확인하며 사계절 이론 설명하기

1. **색과 색상환을 인식시키기** : 대상자에게 PCCS톤별 색상환을 보여주며 색의 기준점에 대한 설명한다.
2. **색채훈련하기** : 대상자에게 준비된 색지를 주고 빈 색상환을

채워넣도록 한다. 단 색의 감도 발달을 위해 채도가 높은 색부터 낮은 색으로 진행한다.

3. **퍼스널 사계절 이론을 대상자에게 인식시키기 :** 각 계절의 특징을 대상자의 색채지식 수준에 맞춰 설명하여 사계절 이론을 인식시킨다.

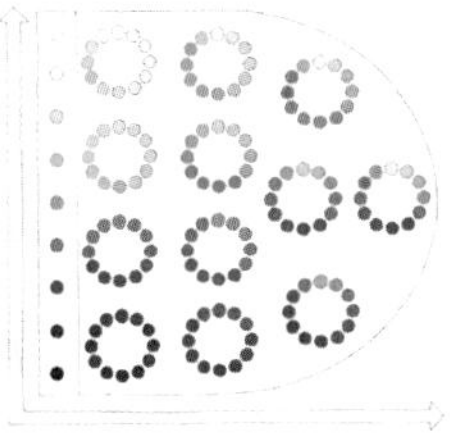

2단계 : 대상자의 라이프 스타일 체크하기

다음 페이지의 문진표를 바탕으로 대상자의 기본적인 라이프 스타일을 체크하면 이미지 메이킹 목표가 분명해지고 만족스러운 변화를 이끌어낼 확률이 높아집니다. 이 단계에서 대상자가 전반적인 이미지 변신을 꾀하는지, 목적화한 상황에 적합한 이미지가 필요한지를 파악할 수 있지요. '아름다운 사람 Vs 신뢰감이 가는 사람'의 차이라면 이해가 되겠죠?

(샘플 양식) 퍼스널 컬러 진단을 위한 문진표

성명	성별
연령	직업

1. 이미지 메이킹 컨설팅을 받으려는 목적을 알려주세요.

2. 선호하는 이미지가 있으신가요?

3. 직업적으로 필요한 특정한 이미지가 있다면 알려주세요.

4. 전반적으로 평소 이미지에 변화를 주고 싶은가요?

5. 특별한 목적을 위해서 이미지의 변화가 필요한 시기인가요?

6. 생활 전반의 이야기를 들려주세요. (요즘 관심사/ 좋아하는 것/ 싫어하는 것 등)

7. 자신의 외적 이미지 중에 가장 마음의 드는 곳과 불만족스러운 곳을 알려주세요.

8. 타인이 자신을 어떤 이미지로 느끼고 있다고 생각하나요?

9. 타인에게 자신을 어떤 이미지로 보이고 싶으세요?

10. 당신의 매력은 무엇인가요? (장점)

(이미지 메이킹 실습) 40대 과장님의 이미지 변신

성명	나과장	성별	남성
연령	44세	직업	직장인

1. 이미지 메이킹 컨설팅을 받으려는 목적을 알려주세요.
직장 내에서 이미지 변신을 하고 싶어서 컨설팅을 받으려고 합니다.

2. 선호하는 이미지가 있으신가요?
함께 일하고 싶은 사람, 에너지 있고 신뢰감이 가는 사람

3. 직업적으로 필요한 특정한 이미지가 있다면 알려주세요.
특별히 없습니다.

4. 전반적으로 평소 이미지에 변화를 주고 싶은가요?
기존의 꼼꼼하고 성실한 긍정적인 이미지를 지키면서 이미지에 변화를 주고 싶어요.

5. 특별한 목적을 위해서 이미지의 변화가 필요한 시기인가요?
특별한 시기는 아닙니다.

6. 생활 전반의 이야기를 들려주세요. (요즘 관심사/ 좋아하는 것/ 싫어하는 것 등)
육아에 관심이 많고, 가족과 함께하는 시간을 좋아합니다.

7. 자신의 외적 이미지 중에 가장 마음의 드는 곳과 불만족스러운 곳을 알려주세요.
특별히 잘 모르겠습니다.

8. 타인이 자신을 어떤 이미지로 느끼고 있다고 생각하나요?
성실한 이미지

9. 타인에게 자신을 어떤 이미지로 보이고 싶으세요?
에너지 있고 활기차고 신뢰 가는 이미지

10. 당신의 매력은 무엇인가요? (장점)
편안하고 섬세한 매력을 자랑합니다.

3단계 : 대상자의 신체 특성 분석하기

2단계에서 작성한 문진표를 바탕으로 대상자의 라이프 스타일을 점검한 후 직접 미팅을 하는 단계입니다. 대상자의 첫인상은 어떤가요? 물론 실제 컨설팅을 할 때에는 문진표를 작성하는 단계부터 대상자와 마주하기 때문에 첫인상이 생겨버립니다. 그럼에도 대상자의 신체 특성을 분석할 때에는 최대한 객관적으로 마주해야 합니다.

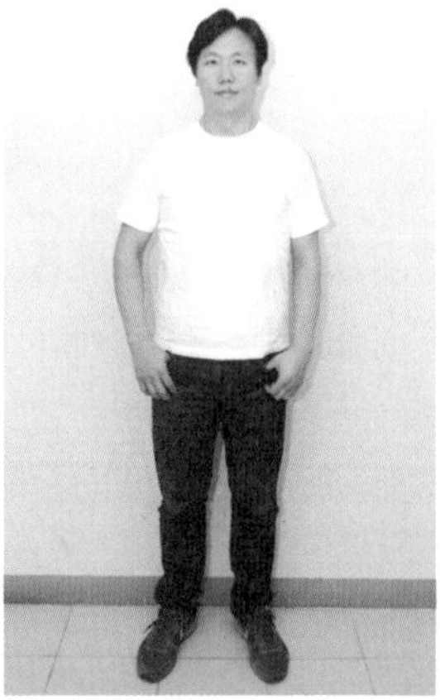

대상자의 신체 특성을 분석한다? 무엇을 어떻게? 먼저 가장 눈에 띄는 부분을 체크해주세요. 예를 들어 남산만큼 나온 배나 쭉 찢어진 눈, 긴 얼굴, 여드름성 피부, 주름 등 눈에 띄는 특징이 있는지를 확인하세요. 그 부분을 살리고 죽이는 것으로 이미지의 변화가 가능하기 때문이죠. 그리고 얼굴형과 신체 유형을 체크해보세요.

이미지 메이킹을 의뢰한 '나과장' 님의 얼굴형은 어떤 형인가요? 먼저 얼굴형을 파악해야만 헤어스타일부터, 눈썹 모양, 안경 모양 등의 기본 가이드를 잡을 수 있습니다.

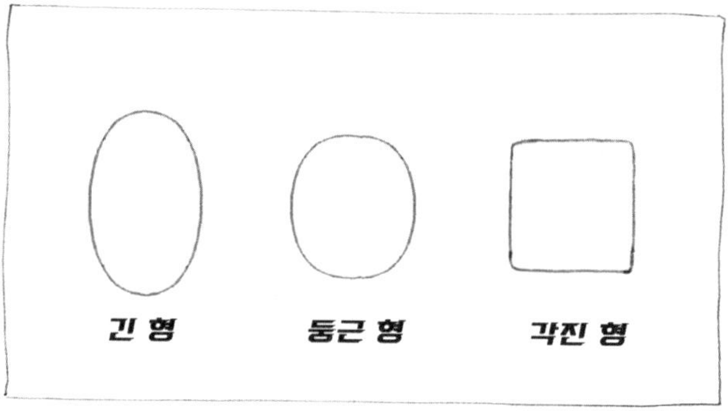

다음 단계는 체형 분석입니다. 체형의 형태를 파악하고 장단점을 분석한 후 강조할 점과 감추어야 할 점을 찾고 이미지를 기획하는 것입니다. 이 단계에서는 타인에게 보이고 싶은 이상적인 이미지를 설정하고, 그 이미지에 부합되도록 이미지 메이킹을 실시하는 것이 중요합니다.

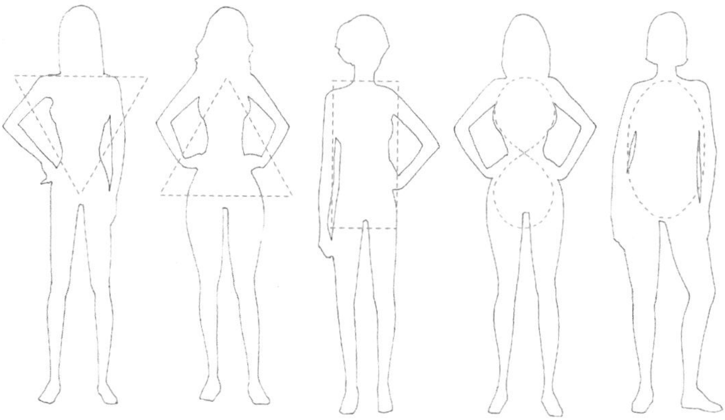

그렇다면! 나과장 님의 전신 사진을 다시 한 번 볼까요? 대상자의 신체 유형은 어떤 유형인가요? 신체에 눈에 띄는 특성이 있다면 그 특성을 중심으로 체형별 의상을 선택하는 것이 좋습니다. 그 외 신체 유형에 따라 의상 컬러와 스타일을 선택하여 매력적으로 보일 수 있도록 합니다.

재미있는 사실 하나 알려드릴까요?

민족별 대표적인 체형이 있다는 것은 흔히 알고 계실 거예요. 우리나라 여성에게서 가장 많이 보이는 체형은 삼각형입니다. 상체는 마르고 하체, 특히 허벅지 부분이 두꺼운 체형을 말하는데요. 이러한 체형을 커버하고 아름답게 보일 수 있는 방법 중 하나가 한복입니다.

한복은 상체가 마른 체형일수록 아름다운 선으로 살릴 수 있어요. 단점인 튼실한 하체는 가려줍니다. 물론 우리나라뿐만 아니라 세계 각국의 전통 의상을 살펴보면, 그 나라 여성의 체형을 가장 돋보이도록 만들어져 있습니다. 과거에나 지금이나 세상의 모든 여자들은 스스로의 매력을 가장 잘 보일 수 있는 의상을 원하기 때문이랍니다. 예를 들면 유럽

쪽은 어떤가요? 서양 여자들의 체형은 대부분 '모래시계형'이죠? 그래서 그들의 전통의상 또한 허리라인을 강조하는 의상으로 되어 있는 경우가 많답니다.

4단계 : 진단 천을 이용하여 분석하기

드디어! 퍼스널 컬러를 진단해볼 차례입니다. 정말 긴 기다림이었네요. 이 시간을 위해서 참 많은 단계를 거쳐 왔어요. 정확한 퍼스널 컬러 진단을 위해서는 진단 천이 필수입니다. 이 진단 천을 이용해서 우리는 옐로우 베이스 색이 어울리는지, 블루 베이스 색이 어울리는지를 파악할 수 있을 뿐만 아니라, 나에게 어울리는 색의 군/명도/ 채도/ 천의 질감까지 파악할 수 있습니다. 물론 옐로우 베이스와 블루 베이스, 청색과 탁색을 분석하여 사계절 이론에서 나온 계절적 색 또한 분석할 수 있습니다.

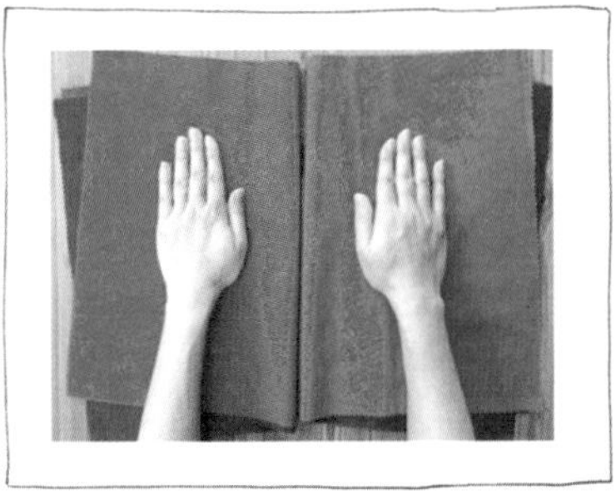

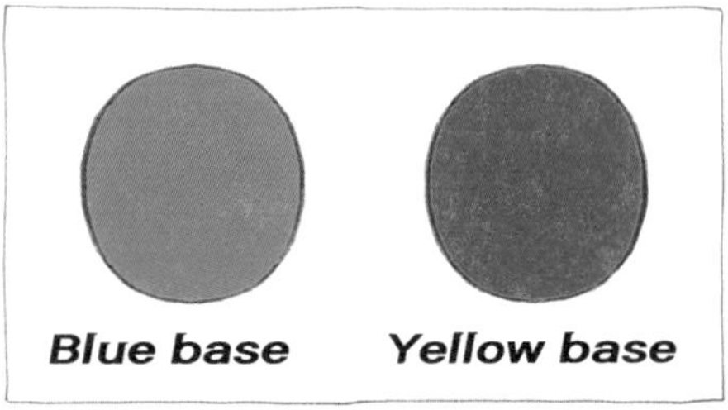

같은 사람의 손입니다. 블루 베이스 천이냐 옐로 베이스 천이냐에 따라 손의 색이 다르게 보입니다. 블루 베이스 천 위의 손은 좀 더 창백하고 하얗게 보이고, 옐로 베이스 천 위의 손은 혈색이 더 좋아 보이네요. 그 차이가 느껴지나요?

물론 우리는 손이 아니라 사람의 얼굴로 진단을 해야 하니 얼굴에 비춰지는 색을 보도록 하겠습니다. 기억나지요? 이렇게 색에 따라 얼굴빛이 다르게 보일 수 있는 이유는 동화현상 때문이랍니다.

사람의 얼굴에 직접 진단 천을 대보기 전에, 일단 어깨에 흰 케이프를 두르는 것이 좋습니다. 이는 정확한 진단을 위해 다른 색의 영향은 받지 않도록 하기 위해서입니다. 그리고 되도록이면 화장을 지우고, 안경을 벗고, 얼굴을 가리는 앞머리도 핀으로 고정하는 것이 좋습니다.

• 비교할 두 계절을 선택하여 베이스 컬러 찾기

퍼스널 컬러 컨설턴트가 사계절의 색 중 네 장의 진단 천을 골라서 어울릴 만한 대표 계절을 결정합니다. 붉은색 사계절 진단 천을 올려보니 우리 나과장 님은 옐로 베이스 '봄'의 색으로 추측되네요. 일단 봄을 대표 계절로 가정하고 그에 반대되는 블루 베이스 여름 색과 비교해보겠습니다. 이때 같은 블루 베이스 겨울 색과 비교해도 무관합니다.

블루 베이스 컬러

옐로 베이스 컬러

• 대표 색 비교하기

진단 천에서 대표 색을 골라 먼저 선택해둔 대표 계절과 반대되는 계절을 비교하며 관찰합니다. 나과장 님의 경우에는 먼저 선택한 대표 계절인 봄의 진단 천을 여름의 천과 순서대로 비교하는 것이 좋습니다. 이때 **Red** → **Green** → **Yellow** → **Blue** → **Pink** 순서에 따라 비교하는 것을 추천합니다. 대조되는 색을 비교함으로써 눈의 피로와 색의 감도를 조절할 수 있기 때문입니다. 이 단계를 거쳐서 정확한 베이스 컬러를 찾도록 합니다.

• 같은 베이스 컬러의 두 계절을 비교하기

봄의 색과 여름의 색을 비교했습니다. 봄과 여름은 베이스 컬러뿐만 아니라 맑은 색과 탁한 색으로도 차이가 있었습니다.

여름의 Red가 어울렸다는 것은 맑은 색보다 탁한 색이 어울렸다는 뜻입니다. 더 정확한 진단을 위해 우리가 결정한 옐로 베이스의 봄과 가을의 진단 천으로 다시 비교해보겠습니다.

이때도 물론 **Red** → **Green** → **Yellow** → **Blue** → **Pink** 순서를 지켜주세요.

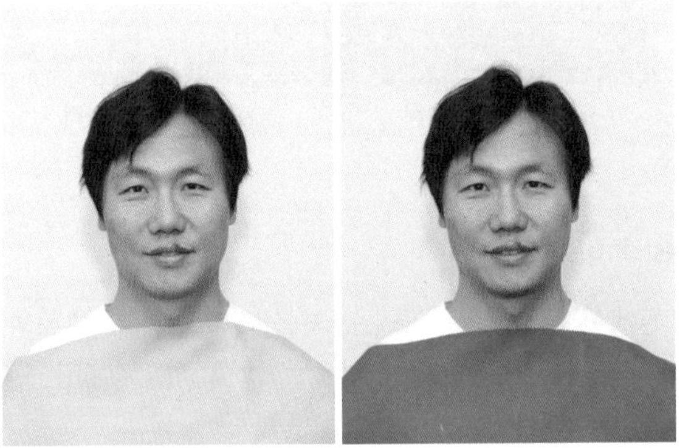

여름 **겨울**

같은 블루 베이스이지만 겨울은 맑은 색, 여름은 탁한 색입니다. 정확을 진단을 위해서 같은 베이스 컬러 내의 색을 비교해 보겠습니다. 이때도 **Red** → **Green** → **Yellow** → **Blue** → **Pink** 순서를 지키는 것이 좋습니다.

• 퍼스널 컬러 사계절 이론의 계절 결정하기

이 모든 과정을 거치면서 나과장 님에게는 '블루 베이스의 탁한 중저 채도'가 어울린다는 것을 알아냈습니다. 이제 '흰색 → 검정색'으로 진행되는 명도 진단 천을 이용해 어울리는 명도를 찾아줍니다. 그런 다음 색상/ 채도/ 명도 등을 다양한 요소를 고려하여 대상자에게 가까운 계절을 결정하게 되는 것입니다.

우리 나과장 님은 이 과정을 거쳐서 퍼스널 컬러의 사계절 이론 중 '여름'의 사람으로 진단되었습니다.

5단계 : 진단 결과 전달하기

퍼스널 컬러 진단 과정에서 가장 중요한 단계입니다. 퍼스널 컬러를 찾는 것보다 더 중요한 것은 퍼스널 컬러 진단 결과를 대상자가 납득할 수 있도록 자세히 설명하는 것입니다. 왜냐하면 퍼스널 컬러를 진단받은 대상자가 자신의 퍼스널 컬러를 납득하지 못하면 이후 자신의 퍼스널 컬러를 활용하지 못하고 한 번의 이벤트로 끝나버리기 때문입니다.

비용을 부담하고 시간을 할애하여 진단받은 퍼스널 컬러이니 대상자 또한 적극적으로 적용하여 스스로의 이미지를 개선해나가기를 바랄 것입니다.

그래서 퍼스널 컬러 컨설턴트들은 색상/ 명도/ 채도/ 맑은 색/ 탁한 색/ 질감 등의 분석 결과를 정확하게 전달하고, 대상자의 퍼스널 컬러의 색을 제시하게 됩니다.

퍼스널 컬러 진단 결과_여름

남성 정장용 진단 결과

남성의 경우, 남성 정장용 진단 천으로 결과로 나온 계절 색을 다시 확인하는 시간을 가지는 것이 좋습니다. 생활에서 실제로 활용 가능한 천으로 다시 한 번 색에 대해 설명하여 진단 결과를 이해시키는 것이지요.

이런 과정을 추가로 진행하는 이유는 남성은 여성보다 색의 민감도가 낮기 때문입니다. 또한 진단 천의 컬러는 옷으로 입을 일이 적은 색이다 보니 색상/ 명도/ 채도/ 맑고 탁함으로 나눠 설명을 해도 진단의 결과를 활용하지 못하는 경우가 있어서입니다. 물론 여성도 정장용 진단 천을 이용하여 색의 배치를 돕는 것이 좋겠죠. 하지만 남성은 정장 진단 천을 이용한 설명을 다시 한 번 하지 않을 경우 진단 자체가 무의미해지는 경우가 많습니다.

여기서 주목할 점! 진단용 천은 색의 진단을 위해 만들어진 것일 뿐 그 색의 옷을 입으라는 것이 아닙니다. 색의 군의 특성을 파악해서 자신에게 잘 어울리도록 입으면 되는 거죠. 가끔 진단을 해드리면 그 천의 색을 찾아 백화점 삼만리를 하는 분들이 있어서 하는 말입니다.

6단계 : 메이크 오버MAKE OVER

진단한 퍼스널 컬러를 이용하여 변화를 느껴보는 시간입니다. 진단 결과를 바탕으로 헤어와 메이크업, 의상에 변화를 주어 이미지 메이킹 결과를 대상자로 하여금 경험하게 합니다. 대상자와 퍼스널 컬러 컨설턴트의 미감도에 차이가 있을 경우 불만족한 메이크 오버 결과가 초래되기도 합니다. 그래서 메이크 오버 과정은 진단 결과가 정확한지 다시 한 번 체크하는 시간이 되기도 합니다. 참고로 메이크 오버 당일에는 매력적인 변신이 성공했지만 이후 활용하지 못하는 예가 왕왕 있습니다. 이 경우 컨설팅이 잘못 진행된 것이라 볼 수 있습니다.

퍼스널 컬러 진단 과정
- 20대 여성의 이미지 메이킹

중년 남성을 대상으로 한 퍼스널 컬러 진단 과정을 지켜보면서 여성의 경우는 어떻게 진행되는지 궁금하지 않았나요? 그래서 여성분을 대상으로 한 번 더 퍼스널 컬러 진단을 해보도록 하겠습니다. 다시 한 번 퍼스널 컬러 진단 과정을 떠올려보면서 함께 진행해보겠습니다.

1단계 : 색상환 색 배치 테스트를 통해 대상자의 컬러 감도를 확인하여 사계절 이론 설명하기

이 과정은 이미 진행한 상태라고 가정하고 진행합니다.

2단계 : 대상자의 라이프 스타일 체크하기

다음 페이지의 문진표로 대신합니다.

(이미지 메이킹 실습) 이직을 준비 중인 20대 여성

성명	이단비	성별	여성
연령	26세	직업	이직 준비 중

1. 이미지 메이킹 컨설팅을 받으려는 목적을 알려주세요.
   현재 호텔에서 프론트직으로 일하고 있으나 꿈을 위해 이직을 준비하고 있어서입니다

2. 선호하는 이미지가 있으신가요?
   밝고 활기차고 긍정적인 이미지가 되고 싶어요.

3. 직업적으로 필요한 특정한 이미지가 있다면 알려주세요.
   지금 직업에서 필요한 친절한 서비스 이미지보다는 긍정적인 이미지가 되고 싶어요

4. 전반적으로 평소 이미지에 변화를 주고 싶은가요?
   평소 얌전하고 여성스러운 이미지를 벗어난 이미지를 원합니다.

5. 특별한 목적을 위해서 이미지의 변화가 필요한 시기인가요?
   이직 준비 중이라서 이에 적합한 이미지 변호가 필요해요.

6. 생활 전반의 이야기를 들려주세요. (요즘 관심사/ 좋아하는 것/ 싫어하는 것 등)
   취업과 이직/ 쇼핑, 수다, 친구와 보내는 시간/ 특별히 없음.

7. 자신의 외적 이미지 중에 가장 마음의 드는 곳과 불만족스러운 곳을 알려주세요.
   어둡고 칙칙한 피부톤, 여드름 흉터, 작은 체격과 튼실한 하체, 둥근 얼굴형이 불만입니다.

8. 타인이 자신을 어떤 이미지로 느끼고 있다고 생각하나요?
   여성스럽고 참한 이미지

9. 타인에게 자신을 어떤 이미지로 보이고 싶으세요?
   똑부러지면서도 밝고 에너지 넘치는 엔드로핀 같은 이미지

10. 당신의 매력은 무엇인가요? (장점)
    동안의 얼굴과 마른 체형/ 차분하지만 엉뚱한 귀여운 성격

3단계 : 대상자의 신체 특성 분석하기

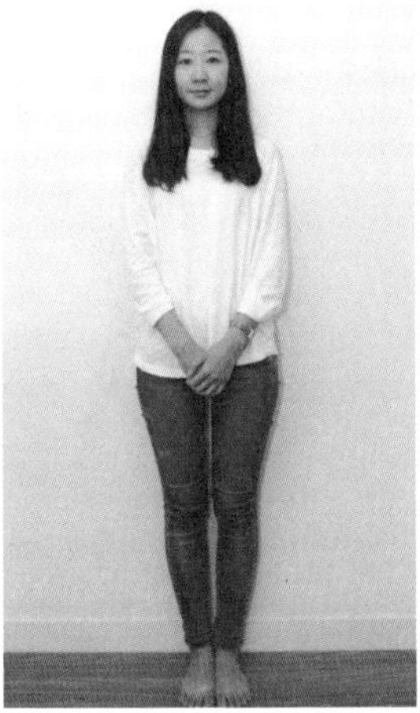

- **얼굴형** : 얼굴형은 둥근 형. 동양적인 미인형으로 둥근 코와 선한 인상을 주는 처진 눈이 특징입니다.
- **신체 특징** : 마른 체형이나 전형적인 한국인 여성 체형으로 상체보다 하체, 특히 허벅지가 두껍습니다. 몸매를 보안할 수 있는 A라인 스커트를 추천할 예정입니다.
- **이미지 메이킹 목표** : 문진과 상담을 통해 대상자는 밝고 활기찬 이미지로의 변신을 원하고 있습니다. 기존의 여성적이고 차분한 이미지를 벗어나 에너지 넘치는 이미지를 목표로 합니다.
- **추가사항** : 개인적 매력을 높이는 이미지와 함께 면접에 도움이 되는 신뢰감 있는 이미지를 추가로 컨설팅합니다.

4단계 : 진단 천을 이용하여 분석하기

• 비교할 두 계절을 선택하여 베이스 컬러 찾기

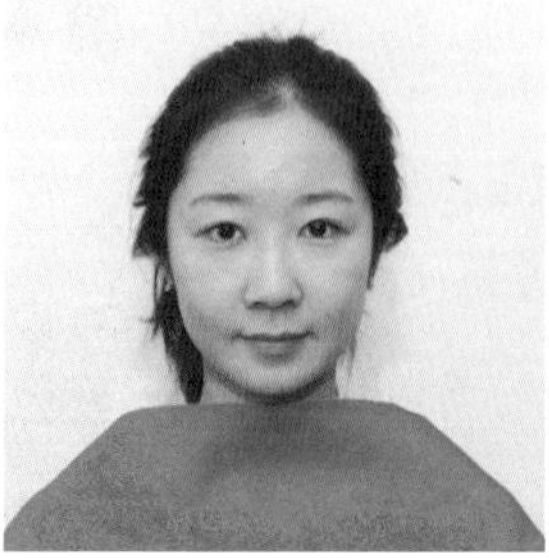

블루 베이스 컬러

옐로 베이스 컬러

이단비 님의 얼굴에 맞는 색을 찾기 위해 옐로 베이스의 빨간 색과 블루 베이스의 빨간 색을 비교해 보았습니다. 맑은 색의 '봄'과 '겨울'의 비교를 통해서 베이스 컬러를 찾는 과정이기도 합니다.

옐로 베이스의 빨간 색을 대상자에게 대보니 동화현상에 의해 생기 있는 피부가 표현됩니다. 블루 베이스의 빨간색은 얼굴이 하얗게 보이면서 여드름 흉터가 돋보입니다.

지금으로서는 옐로 베이스가 맞는 듯 보이지만, 정확한 진단을 위해서 **Red** → **Green** → **Yellow** → **Blue** → **Pink** 순서로 계속해서 비교해봅니다.

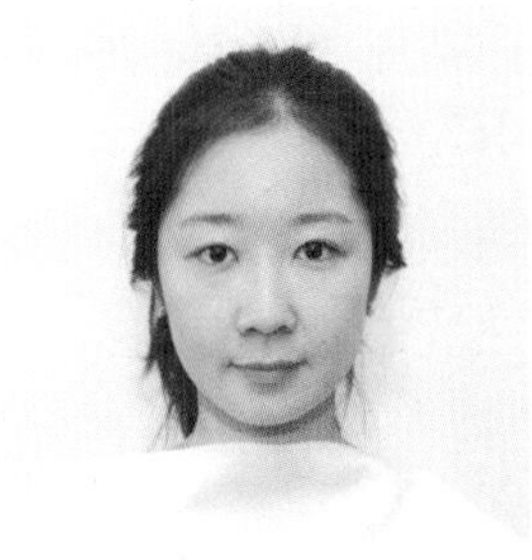

블루 베이스 컬러 _ 여름

옐로 베이스 컬러 _ 봄

여러 색의 비교를 통해서 옐로 베이스가 조금 더 대상자의 얼굴을 밝고 생기 있게 하는 것을 확인했습니다. 이제 같은 옐로 베이스 안에서 비교를 해보도록 하겠습니다.

• 같은 베이스 컬러의 두 계절을 비교하기

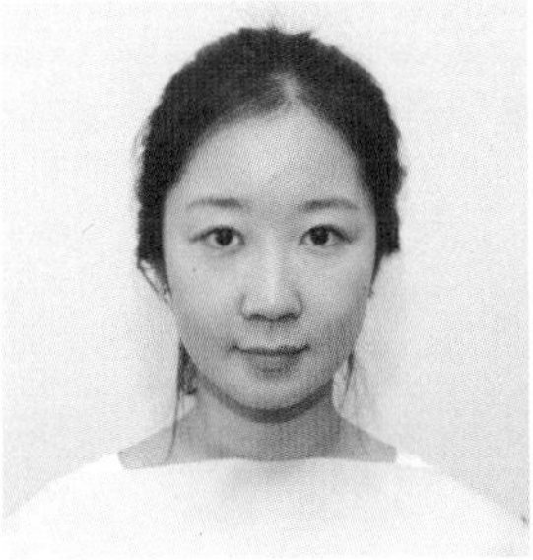

봄

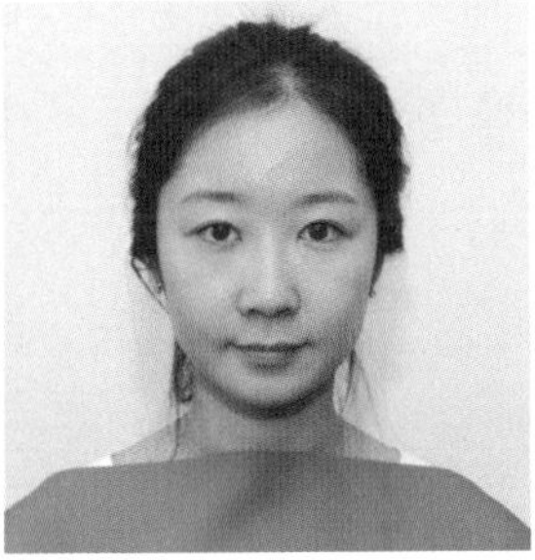

가을

모든 단계를 사진으로 담을 수 없어 아쉽지만, 이 과정을 통해 우리는 이단비 님에게는 명도가 높은 색이 더 잘 어울리는 것 또한 알 수 있었습니다. 또한 같은 베이스 컬러의 봄과 가을의 색을 비교해 보니 '맑은 색의 봄 컬러'가 대상자를 더 매력적으로 보이게 하며, 목표했던 이미지에 근접함을 파악했습니다.

정리하자면 이번 진단의 대상자 이단비 님에게는 명도 높은 옐로 베이스의 맑은 색이 잘 어울립니다. 또한 퍼스널 컬러 사계절 이론 중에서는 '봄의 사람'으로 진단되었습니다. 물론 사람은 결코 단지 네 개의 계절로 분류될 수 없으니 색상/ 명도/ 채도를 비교하는 진단 과정에서 파악한 가장 비슷한 봄의 색을 제안하게 됩니다.

자, 이제 다음 단계는 알고 있죠? 퍼스널 컬러 진단 결과를 대상자가 정확히 이해할 수 있도록 설명하고 변신 결과를 확인하는 메이크 오버 시간. 물론 진단하는 과정에서도 거울을 통해 대상자에게 색의 변화를 이해시키고 결과를 납득시키지만 다시 한 번 결과를 설명한 후 이를 확인하는 시간을 갖는 것입니다.

어떻게 변했는지 궁금하지요? 의상은 체형 보안을 위해 A라인 스커트와 옐로 베이스의 맑은 남색 도트 무늬 원피스를 선택했습니다.

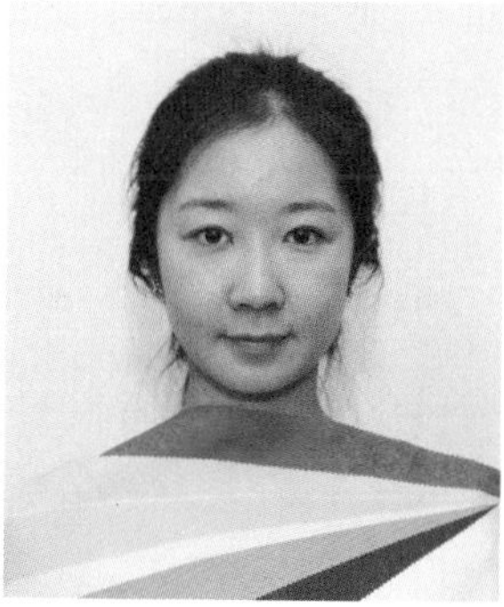

퍼스널 컬러 진단 결과 _봄

퍼스널 컬러 진단 과정
- 엄마를 바꿔라

"항상 골프복을 입고 다니시는 우리 어머니! 우아하고 아름다운 젊은 시절 모습으로 변신시켜주세요."

예비 며느리가 손을 잡고 모셔온 만 66세 임승옥 어머님. 운동을 하지 않아도 골프복과 등산복을 즐겨 입으신다는 어머님의 이미지 변신을 위해 예비 며느님이 모셔오셨어요. 세월의 흔적이 얼굴에 고스란히 묻어 있는 모습이 속상했던 예비 며느님은 젊은 시절 아름다웠던 어머니의 모습을 찾아주고 싶다고 했습니다.

그 마음이 얼마나 예쁘던지 더욱 더 열심히 퍼스널 컬러를 진단하고 헤어와 메이크업을 했습니다. 그 결과 처음 뵈었던 모습이 어디로 갔나 할 만큼 우아한 모습으로 변신! 저에게도 뿌듯한 경험이었답니다.

진단 후 어머님은 예뻐진 것도 같은데 어색하다며 멋쩍게 웃으셨습니다. 예비 며느님은 마치 영부인 같으시다며 대만족했고요. 이미지는 남녀노소 누구에게나 중요하고 색 또한 누구에게나 선물 같은 존재랍니다. 아름다움을 세월에 빼앗기지 마세요. 당신은 충분히 아름답습니다. 다만 그 아름다움을 드러내는 방법을 모르고 있을 뿐이죠.

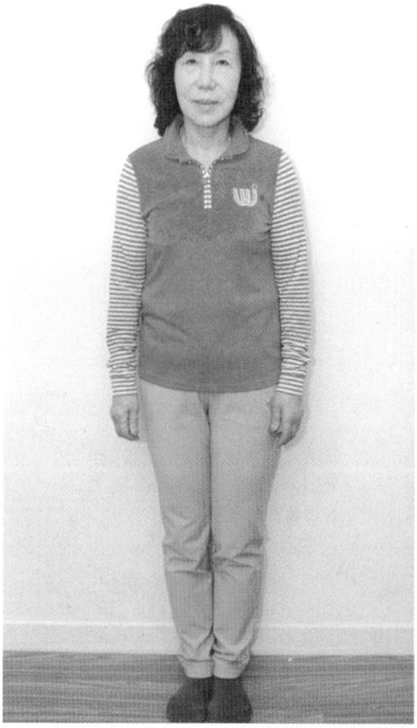
Before

After

퍼스널 컬러 진단 과정
- 취업 준비생의 밝은 미소 찾기

"어려 보이는 인상을 벗어나 믿음직하고 긍정적인 이미지를 갖고 싶어요."

취업을 준비 중인 만 25세 김무성 씨. 동안이자 밝고 따뜻한 첫 상을 지녔지만 IT 업계의 보안 전문가로 취직을 하려면 이미지 메이킹이 필요하다고 하더군요. 검고 붉은 피부 톤과 귀엽고 동글동글한 인상을 바꿔 선명하고 단정한 이미지, 일명 '엄친아' 스타일을 원했습니다.

그래서 IT 업계의 특성상 딱딱한 정장보다는 편안하면서도 꼼꼼하고 믿음직한 이미지, 이에 더해 현재의 장점인 밝은 이미지를 살려 이미지 메이킹을 진행했습니다.

재미있는 사실은 개인의 매력을 살리려면 여름의 색을 활용해야 하는데, 선명하고 똑떨어진 목

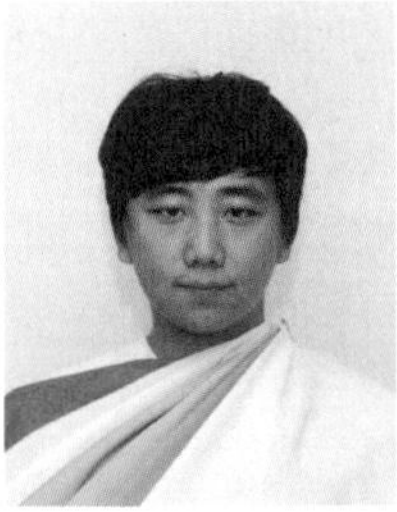
여름

겨울

여름

겨울

적화된 이미지를 보이려다 보니 '겨울의 색'이 진단할 수밖에 없었다는 것입니다. 아래 사진은 개인의 퍼스널 컬러인 '명도 낮은 탁한 여름의 색'으로 촬영한 것입니다.

외적 이미지의 관리를 위한 마지막 당부

• 평생 퍼스널 컬러만 입어야 할까요?

입고 싶은 옷이 있는데 나의 퍼스널 컬러군이 아니라면 안 입을 건가요? 방법이 있습니다. 우리 몸의 '증명사진 영역'에는 나를 돋보이게 할 퍼스널 컬러를 사용해서 안정감을 높이고, 그 외의 영역에는 입고 싶은 옷을 입으면 되는 것이지요. 퍼스널 컬러 진단은 적어도 10년에 한 번씩 하는 것이 좋습니다. 신체에 변화가 일어나면 매력을 높여줄 퍼스널 컬러도 바뀌니까요. 크게 살이 빠지거나 쪄서 이미지가 변화했다면 그때도 퍼스널 컬러는 변화하게 됩니다.

• 외적 이미지 관리방법을 알게 되었다고 늘! 항상! 언제나! 완벽한 상태로 다녀야 할까요?

그런 부담감을 느끼면 도리어 스트레스를 받게 됩니다. 늘 완벽하게 다닌다는 것은 엄청난 부지런함과 노력이 동반되어야 하기에 거의 불가능합니다. 그래도 일단 '외적 이미지'에 대해 알게 되면 원하는 순간 그에 맞게 이미지를 관리하는 것이 가능하니 얼마나 좋은가요. 그러니 부담 느끼지 말고 편안하게 아름다워지세요.

• 부자가 되고 싶으세요? 이미지라는 이름의 적금을 시작하세요.

이미지는 적금처럼 차곡차곡 적립됩니다. 예를 들어 평소 솔선수범하고 늘 성실한 친구가 무단결근을 하면 우리는 그 사람을 걱정하고 무슨 일이 있는 건 아닌지 연락을 취해보곤 합니다. "그럴 친구가 아닌데.", "무슨 일 있나?" 하면서요. 반대로 성실함이 떨어지는 직원이 무단결근을 하면 우리는 걱정은커녕 "그럼 그렇지.", "해도 너무하네."라는 생각을 하게 됩니다. 평소 쌓아온 이미지가 동일한 행동을 두고도 다른 평가를 이끌어내는 것이지요. 이미지라는 이름의 적금! 오늘부터 꼭 시작하세요.

• 전문가에게 진단받지 않으면, 퍼스널 컬러를 찾을 수 없을까요?

정확한 진단은 진단 천을 이용해서 찾아야 하지만, 옷장 안의 옷들을 대어보면서 자가 진단을 할 수도 있습니다. 조금 더 정확한 방법은 티셔츠를 흰색부터 검정색까지 명도별로 쭉 모아서 하나하나 얼굴에 대어 보는 것입니다. 명도의 변화에 따라 얼굴빛이 변화하는 것을 확인할 수 있을 것입니다. 그 후 색색의 티셔츠들을 모아 **Red → Green → Yellow → Blue → Pink** 순서로 얼굴에 대어 보면서 색상과 채도에 대한 반응을 확인하세요. 이렇게 얼굴의 변화를 관찰하다 보면, 대략적인 퍼스널 컬러를 찾을 수 있습니다.

생활 속의 색채 심리

사람이 가장 큰 공포를 느끼는 순간 중 하나는 발밑이 불안할 때라고 해요. 각종 천재지변 중 우리가 도망갈 수 없는 재해가 지진인데요. 지진이 가장 무서운 이유도 발밑인 땅이 흔들리기 때문이라지요. 사람은 심리적으로 언제나 발밑의 안정을 원하게 되어서 우리는 인테리어를 할 때 특별한 경우를 제외하고는 항상 천장보다 바닥을 더 어두운 색으로 칠한다고 합니다.

그렇다면 왼쪽 그림처럼 천장을 더 어둡게 하는 경우는 언제일까요? 흔히 볼 수 있는 경우는 아니고요.
대학교 근처나 번화한 곳의 카페는 일부러 천장을 더 어둡게 인테리어하는 경우가 있습니다. 왜냐하면!
한 번 들어온 손님이 3~4시간씩 머물게 되면 테이블 회전율이 떨어지기에 손님이 빨리 떠나게 하려고 심리적으로 약간의 불안감을 느끼게 하는 인테리어를 하는 것이죠. 일반적인 가정집과 회사는 당연히 천장이 더 밝은 색이겠죠?

공간의 심리적 온도를 더 높이려면 옐로우 베이스를,

심리적 온도를 낮출 때는 블루 베이스를,

공간을 넓게 보이려면 확장색인 흰색을,

안정적인 느낌의 작은 공간을 연출할 때는 축소색인 검정색을 사용하세요.

우리는 이미 생활 속에서 다양하게 색을 활용하고 있습니다.

한 가지 더 알려드리자면, 욕실 색이 푸른빛이 도는 새하얀 색일 경우

춥게 느껴질 수 있어요. 포근한 느낌의 욕실을 원한다면

미색Ivory을 선택해보는 것이 바람직합니다.

하나 더!

갑자기 어두운 영화관에 들어가면 순간적으로 아무것도 보이지 않죠?

하지만 어두워서 안보이는 순간이 조금 지나면 천천히 밝아지면서

명암이 구분되다가 어둠 속에서도 조금씩 색을 구별할 수 있게 됩니다.

이러한 이유는 명암을 감지하는 세포인 '간상세포'가 색을 구분하는 '추상세포'에 비해 수가 많아 명암의 구별이 색의 구별에 비해 고감도로 반응하기 때문이랍니다.

Behavior

PART 02

보이지 않는 내면 이미지까지 관리하라

01

공자도 이미지 메이킹을 했다굽쇼?

《논어》에서 전하는 공자의 말씀 중 "군자삼변君子三變"이라는 말이 있습니다. 모름지기 군자는 세 번 변해야 한다는 것이지요.

어떻게 세 번 변해야 하는 것인가, 이것이 중요하겠죠.

1. 멀리서 본 군자의 모습은 근엄하여야 한다.
2. 가까이 본 군자의 모습은 온화하여야 한다.
3. 대화를 나눠보면 명확하며, 합리적이어야 한다.

멀리서 본다는 것은 외적인 모습이고, 가까이에서 본 것은 내적 이미지인 태도를 말하며, 대화를 나누는 것은 커뮤니케이션 이미지를 연상시킵니다. 여기서 우리는 공자는 분명 이미지 메이킹을 중요하게 생각했다는 것을 확인할 수 있습니다.

또 한 가지 이미지 메이킹과 관련한 공자의 말씀이 있습니다. 《논어》의 옹야雍也 편에서 "문질빈빈文質彬彬"이라 한 것인데요. 여기서 문文은 외형/ 형식/ 품새 등을 말하고, 질質은 그 바탕/ 내실/ 실질을 말하며, 빈빈彬彬이란 둘이 조화롭게 잘 어우러져 아름답고 찬란하게 빛나는 모습이어야 한다는 것입니다. 뜻을 풀이하자면 이러합니다.

"바탕이 꾸밈을 이기면 야해지고,
꾸밈이 바탕을 이기면 사해진다.
꾸밈과 바탕이 조화를 이룬 뒤에야
군자라고 할 수 있다."

이 말의 뜻은 외적/ 내적 이미지의 조화가 중요하다는 것이겠죠?

공자의 '군자삼변'에서 근엄함/ 온화함/ 합리적인 이미지는 우리가 눈으로 확인할 수 없는 내적 이미지에 속합니다. 그러므로 내적 이미지를 정의내린다면 아마 이렇게 정리할 수 있을 것입니다.

"태도/ 성격/ 매너/ 품행/ 바디랭귀지/ 사고방식 등 시각적으로는 확인이 어려운 느낌과 태도 등의 이미지. 예를 들어 '착하다', '성실하다', '매너 좋다', '개방적이다', '참하다' 등의 이미지는 보이지 않는 비언어적 커뮤니케이션인 '내적 이미지'에 속한다."

앞서 우리는 퍼스널 컬러와 색의 이미지를 활용하여 좋은 외적 이미지를 확립했습니다. 그런데 내적 이미지가 관리되지 못한다면? 다시 말해 첫인상 3초에서 전달한 긍정적인 이미지가 대화를 이어나가면서 무너진다면?

도리어 '실망'이라는 단계를 거치면서 '관리가 안 된 외적 이미지'에서 동일한 행동을 했을 때보다 더 좋지 않은 이미지를 상대에게 심어줄 수 있습니다. 차라리 매너가 엉망인 사람이라면, 좋은 외적 이미지로 기대하게 하고 실망을 주는 것보다 외적 이미지를 관리하지 않는 것이 더 나을 수 있습니다.

물론! 외적 이미지가 관리되지 못한다면 내적 이미지를 보여줄 기회조차 없을 수 있으니 외적 이미지 관리를 하지 말라는 뜻은 결코 아니랍니다.

그런데 참 재미있는 사실이 있어요. 외적 이미지와 내적 이미지는 서로 영향을 받는다는 거예요. 예를 들어 잘 차려 입은 날 스스로가 평소보다 얌전하고 우아해지는 것을 느껴본 적 없나요?

반대로 편안한 트레이닝복을 입게 되면 평소보다 왠지 모르게 털털한 행동을 하게 되지요. 바닥에 털썩 주저앉는다던가, 양반다리를 하고 앉는 등 편안한 행동을 하는 등 잘 차려 입은 날은 상상도 할 수 없는 행동을 하는 것이죠.

이렇게 외적 이미지가 내적 이미지에 영향을 주듯이 내적 이미지도 외적 이미지에 영향을 크게 미칩니다.

아래 사진은 얼마 전 인터넷 뉴스기사로 화제가 된 것인데요. 한국일보의 '패션 온도 차이'라는 기획 연재기사였죠. 회사의 분위기

우리 은행 본점이 가까운 서울 지하철 4호선 회현역 1번 출구 앞(왼쪽)과 신세계 백화점 본점 근처 7번 출구 앞의 대조적인 남성 패션(오른쪽) - 2015. 08. 25. 한국일보 기사

에 따라 출퇴근길 직장인의 옷차림이 크게 차이 나는 것이 참 재미있습니다. 이렇게 내적 이미지라고 할 수 있는 '분위기'가 외적 이미지인 '패션'에 영향을 미치는 것입니다.

물론 커뮤니케이션 이미지도 외적/ 내적 이미지에 영향을 줍니다. 그러니까 이미지의 3요소인 외적 이미지/ 내적 이미지/ 커뮤니케이션 이미지는 서로가 서로에게 영향을 주고받는 것입니다.

기사 속 사진은 외적 이미지와 내적 이미지의 연관성을 '의복 행동'으로 관찰한 것이라 할 수 있는데요. 여기서 '의복 행동Clothing Behavior'이란 옷차림에 따라 사람의 행동이 변화하는 것을 의미합니다. 즉 '사람은 옷을 입은 대로 행동한다' 이것이 바로 의복 행동인 것입니다.

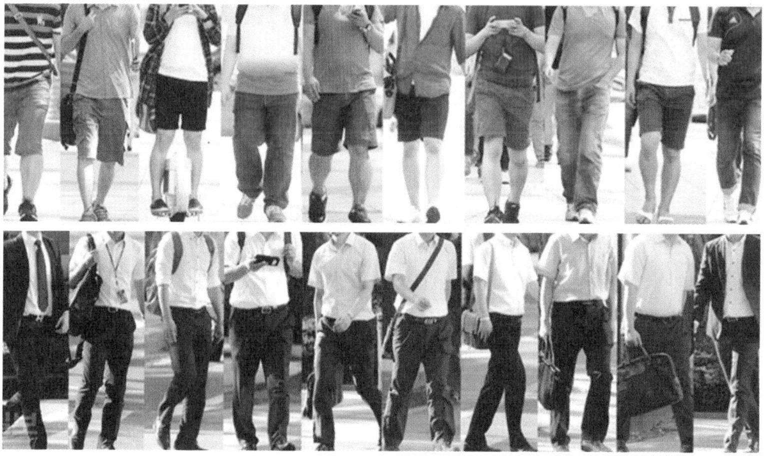

IT 업체가 밀집한 경기 성남 판교 테크노밸리의 출근 복장(위)과 정부청사, 보험회사 등이 몰려 있는 서울 광화문 출근 복장(아래) - 2015. 09. 01. 한국일보 기사

의복 행동을 잘 살펴볼 수 있는 영화가 한 편 있어 소개합니다. 바로 〈악마는 프라다를 입는다The Devil Wears Prada,2006〉라는 영화인데요. 이 영화에서 앤드리아 삭스 역의 앤 헤서웨이의 의복을 보면 의복에 따른 행동의 변화를 볼 수 있습니다.

영화의 줄거리를 간단히 설명하자면, 저널리스트 꿈을 안고 뉴욕에 상경하지만 취업이 쉽지 않은 명문대학 졸업생 출신 앤드리아 삭스가 우여곡절 끝에 세계 최고의 패션 잡지사에 비서로 입사하여 벌어지는 이야기입니다.

여기서 눈여겨봐야 포인트는 바로 이것!

저널리스트를 꿈꾸는 명문대 졸업생인 앤드리아 삭스와 세계 최고 패션 잡지사 편집장의 비서인 앤드리아 삭스의 패션 변화를 보면 극명하게 의복에 따른 행동의 변화를 엿볼 수 있다는 것입니다.

분명 같은 사람인데도 전혀 다른 느낌으로 이미지가 전달되지요.

초반의 패션 무지자 앤드리아는 촌스러운 의상을 입고 등장합니다. 하지만 패션 잡지사에서 일하면서 변화가 필요함을 느낀 앤드

리아는 상사인 편집장에게 인정을 받고 자신의 일에 자부심을 느끼기 시작하면서 의복 행동에 큰 변화가 일어납니다.

다시 말해 현대적이고 도시적이며 세련된 여성의 모습으로 변화를 시도하고, 화려하고 값비싼 의상으로 차려 입고 이전의 자신과는 전혀 다른 행동을 하기 시작하는 것이지요.

이처럼 의상은 우리의 행동에 영향을 미치고 이미지 메이킹에 있어서 중요한 역할을 합니다. 그런데 내적 이미지를 이야기하면서 왜 외적 이미지인 의복에 대해 길게 설명하냐고요?

잠깐만요.

영화 〈올드보이〉 속 장면을 마저 보고 이야기를 이어가겠습니다.

영화를 본 적 없는 분들도 분명 이 두 장의 사진을 보면 캐릭터의 성격이나 특성 등을 상상할 수 있을 것입니다. 바로 내적 이미지가 상상되는 것이죠.

지금 여러분이 느낀 바로 그 이유! 그것이 제가 내적 이미지를 위해 '의복 행동'을 이야기한 이유입니다.

어때요? 오늘부터 '의복'에 좀 더 신경 써야겠죠?

02

자세와 태도가 이미지를 좌우한다

이미지의 3요소, 즉 외적 이미지/ 내적 이미지/ 커뮤니케이션 이미지 중 가장 변화가 오래 걸리는 것이 내적 이미지라는 것! 기억하시죠?

내면적 부분은 교육을 통한 변화가 크게 나타나지 않아 변화에 가장 오랜 시간이 걸립니다. 그래서 내적 이미지를 다룰 때 저는 내면 깊은 곳을 바꿔 드릴 수 없으니, 자신의 내적 이미지를 좋아 보이게 하는 방법을 전달합니다.

"어 그럼, 가식 아냐?"라고 한다면, 저는 "네, 가식으로라도 좋은 내적 이미지를 관리하세요"라고 대답하지요. 왜냐고요?

억지로라도 많이 크게 웃으라는 말 들어본 적 있을 겁니다. 억지로 웃는 웃음에서도 진심으로 웃을 때와 동일한 엔도르핀과 도파민이 나온다는 연구 결과도 있지요. 이처럼 타인에게 잘 보이기 위해 의식적으로라도 좋은 행동을 하고 좋은 인상을 주는 태도를 지속한다면, 일단 당신은 타인에게 '좋은 사람'이라는 평가를 얻게 될 거고요. '좋은 사람'이라는 평가를 얻었으니 더욱더 좋은 사람으로 기대에 부응하기 위한 노력을 할 겁니다. 또한 봉사를 하다 보면 '헬퍼스 하이'라고 불리는 '도움을 주며 행복을 느끼는 호르몬'이 작용하여 좋은 일을 다시 할 수밖에 없게 된다고 하네요.

그러니 좋은 내적 이미지를 만들기 위한 방법을 알고 그 방법을 활용해서 당신의 좋은 이미지를 만들어보세요. 보다 쉽게 당신이 원하는 이미지로 보여질 수 있을 것이며, 당신에 대한 평가와 사회적 입지가 바뀔 것입니다.

한가지 더 팁을 드리자면, 좋은 내적 이미지를 위한 방법을 활용할 때 "티를 내어 보세요." 무슨 말이냐고요?

진심을 다한 인사와 진심을 다한 경청했는데 상대가 몰라준다면 소용이 있을까요? 물론 오랜 시간 함께하다 보면 당신의 진가를 알게 되겠지만, 좀 더 빨리 당신을 좋은 사람으로 알아봐주면 더 좋지 않을까요? 그러니 인사를 할 때, 눈을 마주칠 때, 당신이 상대를 중요하게 대하고 있다는 느낌이 들도록 '티를 내어' 행동하라는 거예요. 상대가 당신의 진심어린 인사와 경청을 인식하도록 말이죠.

아무리 첫인상과 외적 이미지에 신경을 썼더라도 내적 이미지 관리가 안 되면 모든 것이 도로아미타불(?)이 될 수 있습니다. 그런 의미에서 지금부터 저는 성공한 사람들의 내적 이미지 관리비법을 공개하려 합니다.

일단 여기 두 장의 선거 포스터 사진을 봐주세요. 여러분은 소중한 한 표를 누구에게 행사하겠습니까? 공약은 비슷하거나 똑같다고 가정하고 말입니다.

그저 두 장의 선거 포스터로부터 전달받은 이미지만으로 선택해보세요. 단! 개인적으로 해당 연예인의 팬이라고 해서 선택하기는 없기입니다! 당신의 선택은 누구입니까?

혹시 왼쪽 선거 포스터인 '전현무'를 선택했나요? 아마 대부분의 사람들이 전현무를 선택했을 것입니다. 왜?

우리가 왼쪽 선거 포스터 사진을 더 선호하는 데에는 분명한 이유가 있을 것입니다. 그리고 지금부터 그 이유를 분석해보려 합니다.

전현무 선거 포스터의 성공포인트

1. 열린 '자세'
2. 자연스러운 '미소'
3. 안정적 시선 처리
4. 신뢰감이 느껴지는 '색'

전현무가 있는 선거 포스터의 성공 포인트를 정리해본다면 위와 같이 네 가지로 말할 수 있습니다. 이는 이번 파트에서 다룰 '내적 이미지'를 좌우하는 요소이기도 하지요.

그럼 하나 하나 살펴보도록 할까요?

내적 이미지를 좌우하는 요소 1 - 열린 자세

'행동 분석Behavior Analysis'에 대해 들어본 적 있나요? 행동 분석이란 B.F.스키너의 신교동주의 심리학을 한층 더 개혁해 새롭게 일으킨 '철저 행동주의Radical Behaviorism'에 근거하는 심리학입니다. 쉽게 말해 인간 또는 동물의 행동을 분석하는 것이라 할 수 있죠. 행동 분석 이론에 의하면 전현무의 선거 사진은 '열린 자세' 자세를 하고 있습니다. 그럼 '열린 자세'는 무엇이며 '닫힌 자세'는 무엇이란 말인가요?

열린 자세는 말 그대로 몸 중앙을 중심으로 봤을 때 사지를 활짝 열고 가슴을 편 상태입니다. 닫힌 자세는 몸 중앙을 중심으로 사지를 웅크리는 것에 가까운 자세입니다.

대부분의 닫힌 자세는 팔짱을 끼고 다리를 꼬고 상대방의 반대쪽으로 온 몸을 트는 자세를 말합니다. 상체를 웅크리고 손을 감추는 것 역시 자신을 상대적 약자로 느끼고 있음을 나타내는 것이며 손을 자주 사용하는 제스처는 긍정보다는 부정의 의미로 표현하는 경우가 많습니다.

반면 열린 자세일 때는 팔이 벌어져 손바닥이 노출되고 가슴을 펴는 동시에 상대방을 향에 몸을 열고 있게 됩니다. 상대방을 향한 개방적, 수용적 자세를 표현하는 것이지요. 팔을 옆으로 늘어트리는 것 역시 솔직하게 마음을 열고 상대방의 접근을 허용하는 열린 자세입니다.

열린 자세는 상호 호감이 있는 상태에일 때 적극적으로 표현됩니다. 그리고 남성보다는 여성이 좋아하는 사람과 함께 있을 때 열린 자세를 취합니다. 여성은 불편하고 어려운 상대와 있을 때 가슴 앞으로 팔짱을 끼는 등 닫힌 자세를 취하는 경우가 빈번한 것이지요. 여성의 신체가 감성표현에 더 적극적인 것이라 할 수 있습니다.

열린 자세

닫힌 자세

열린 자세로 이야기하는 바디랭귀지

1. 열린 자세는 상대방에게 호감을 얻을 확률이 높으며 긍정적인 사람이라는 인식을 준다.
2. 열린 자세는 상대방에게 설득력이 있으며 매력을 통해 상대를 끌어들이는 힘이 있다.

행동분석학, 열린 자세, 닫힌 자세, 바디랭귀지…

아직 쉽게 다가오지 않지요? 그림으로 보면 바로 쉽게 이해가 될 것 같아 준비했습니다. 왼쪽 페이지 그림을 보세요. 어떤 자세가 열린 자세이고 닫힌 자세인지 한 눈에 정리되지 않나요?

이를 통해 우리는 어떤 자세를 하느냐에 따라 다른 이미지를 전달할 수 있다는 것을 충분히 느꼈을 것입니다. 전현무의 선거 사진이 유재석의 선거 사진에 비해 열린 자세를 취하고 있어 긍정적이고 자신감 있는 이미지를 전달한다는 것 또한 알 수 있을 것입니다.

허리에 손을 얹은 자세는 자신감을 대표하는 남성적인 표현입니다. 자신감이 넘치고 우세한 위치에서 지배적인 성향의 사람에게 자주 보이지요. 그와 반대로 손을 등 뒤로 숨기고 있는 자세는 자기 방어적이며 심리적으로 움츠러든 상태의 사람에게서 자주 나타나는 바디랭귀지입니다.

열린 자세와 닫힌 자세는 다양합니다. 보통 열린 자세는 자신감

열린 자세의 상징이라고 할 수 있는 미국 CBS 방송국의 드라마 〈C.S.I 마이애미〉의 해리슨 반장. 그는 '허리 손 반장'이라는 별칭이 붙을 정도로 허리에 손을 올린 자세를 드라마 속에서 자주 취한다.

의 자세, 권력자의 자세로 해석되며 닫힌 자세는 불안감과 자신감 없는 상태를 표현합니다.

열린 자세는 TV 드라마에서 사장님이나 젊은 실장님들이 자주 취하는 자세를 보면 알 수 있습니다. 닫힌 자세는 면접을 온 취업준비생의 긴장감을 표현한다거나 낙담한 주인공의 심리상태를 묘사할 때 주로 보여집니다.

우리는 이렇게 '자세'로 감정을 전달할 수 있습니다. 그러므로 당당하고 바르게 어깨 펴고 앉아볼까요? 지금 우리의 자세가 우리의 내적 이미지를 결정지을 수 있으니 조심해야 합니다.

다시 한 번 강조하지만 이런 바디랭귀지를 활용해서 '내가 보이고 싶은 이미지'로 비언어적 요소의 커뮤니케이션을 할 수 있습니다. 자신감과 신뢰감을 전달하고 싶은가요? 혹시 화가 나거나 상대를 경계하고 있음을 표현하고 싶은가요?

바디랭귀지를 알면 우리가 전달하고 싶은 이미지로 타인에게 전

허리에 손을 얹은 자세는
자신감을 나타낸다.

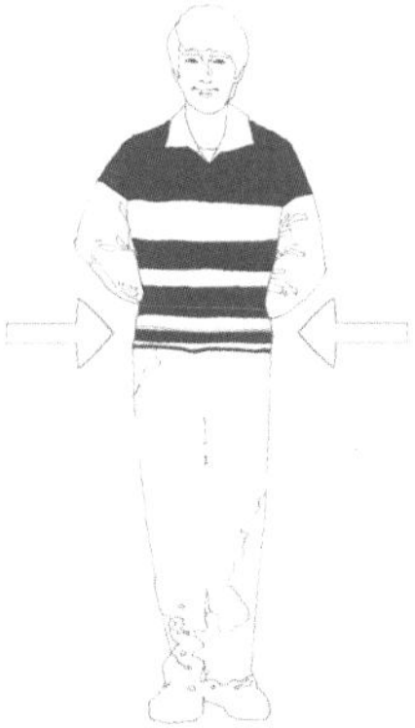

손을 등 뒤로 감춘 자세는
자기 방어적인 심리를 나타낸다.

달이 가능합니다. 팔짱을 끼고 무엇인가를 숨기는 듯한 유재석의 선거 포스터 사진 또한 그래서 우리의 선택을 받을 수 없었던 것입니다.

프로필 사진을 위한 포즈

방송인, 기업의 CEO, 정치인 등에게 프로필 사진은 가장 중요한 이미지 전달의 경로가 될 수 있습니다. 따라서 프로필 사진을 촬영할 때는 목적에 맞는 이미지가 전달되도록 의상과 헤어스타일, 포즈까지 염두에 두고 촬영해야 합니다. 당당하고 자신감 넘치는 이미지를 전달하고 싶은 경우와 여성스럽고 섬세한 이미지를 전달하고 싶은 경우 등 전달하고 싶은 이미지에 따라 표정, 의상, 헤어스타일, 메이크업 스타일 등에서 큰 차이를 보일 테니까요. 전달하고 싶은 이미지를 '목적화된 이미지'로 설정하고 그에 걸맞은 결과를 얻기 위해 프로필 사진 또한 기획하고 준비해야 합니다.

두 사진을 비교해서 보니 더 확연히 드러나지 않나요? '열린 자세 Vs 닫힌 자세' 외에도 의상, 메이크업, 헤어스타일, 표정 등의 차이로 전혀 다른 이미지를 전달하고 있습니다. 이게 가능했던 이유는 촬영 전 기획 단계에서부터 다른 이미지를 전달하기 위해 기획되었기 때문입니다.

내적 이미지를 좌우하는 요소 2
- 자연스러운 미소

다시 한 번 전현무와 유재석 두 사람의 선거 포스터를 비교해보세요. 저는 분명 〈무한도전〉 10년 애청자이고 유재석의 팬인데, 전현무 선거 포스터에 더 끌립니다. 그 비밀은 자연스러운 표정, 특히 미소에 있습니다. 첫인상의 비밀병기 기억하시죠?

Look & Smile & Talk

눈을 마주치고 미소를 띠우고 첫 마디 말을 시작하는 그 방법!

여기서 가장 어려운 것이 바로 자연스럽고 편안하게 미소를 띠는 것이죠. 단순히 웃는 것뿐인데, 자연스럽게 미소를 짓는 것을 어려워하는 분이 생각보다 많습니다. 자연스러운 미소를 짓는 방법을 묻는 분도 많고요.

그런데 안타까운 것은 자연스러운 미소를 짓는 방법은 없다는 것입니다. 진심으로 웃는 것이 유일한 방법이지요. 억지로 만들어낸 미소는 근육의 움직임이 달라서 다 티가 나기 마련이니까요.

19세기 진짜 미소를 연구한 프랑스의 신경 생리학자 귀욤 뒤센 Duchenne de Bouloge, 1906-1875의 연구 결과를 보면, 진심을 담은 미소는 눈꼬리까지 화창하게 올라가고 밝게 웃는 입가의 미소라고 합니다. 그래서 활짝 웃으며 즐거움이 느껴지는 미소를 '뒤셴 미소'라고도 부릅니다. 반대로 감정노동을 많이 하는 서비스직 종사자에게서 보이는 미소인 척 짓는 미소는 '팬암 미소'라고 부릅니다.

자, 여러분의 미소는 어떤 미소인가요?

나는 분명히 진심을 다해서 웃고 있는데, 이상하게도 미소가 어색하신 분들! 분명 있습니다. 진심으로 웃는 것밖에 방법이 없다면서 이건 또 뭔 소리인가 싶을 거예요.

그런데요. 자연스러운 미소가 힘든 분들은 얼굴 근육이 굳어 있기 때문이라서 이런 분들은 '미소 연습'을 해야만 편안하고 자연스러운 미소를 지을 수 있습니다.

다행인 것은 그 방법 자체가 그리 어렵지 않다는 거예요. 얼굴 근육을 풀어주고 미소를 위한 입 주변 근육을 연습시켜주면 얼마든지 가능하거든요. 그럼 다 같이 미소 연습을 해봅시다.

• '도레미송' 을 정확한 입모양으로 3회 반복해서 부르기

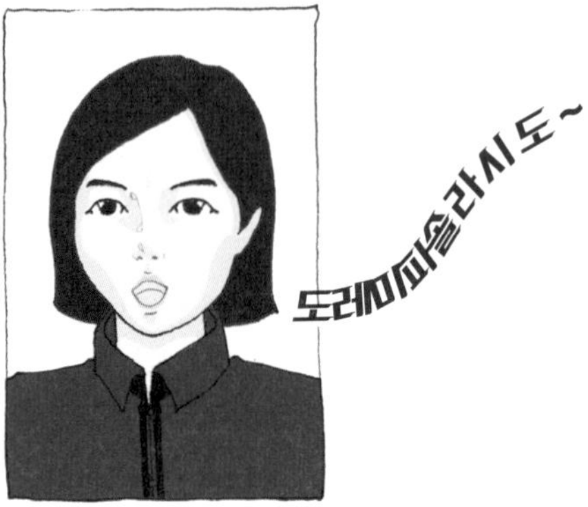

• 근육에 탄력주기

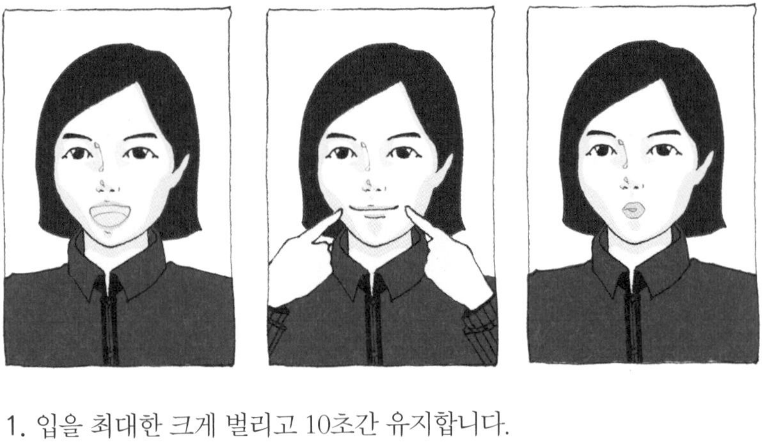

1. 입을 최대한 크게 벌리고 10초간 유지합니다.
2. 입 꼬리를 수평이 되도록 길게 늘리고 10초간 유지합니다.
3. 입술을 중앙으로 모으고 얼굴을 최대한 모으고 10초간 유지합니다.

• '작은 미소→중간 미소→큰 미소' 순서를 3번 반복하기

작은 미소

중간 미소

큰 미소

• 미소 유지하기

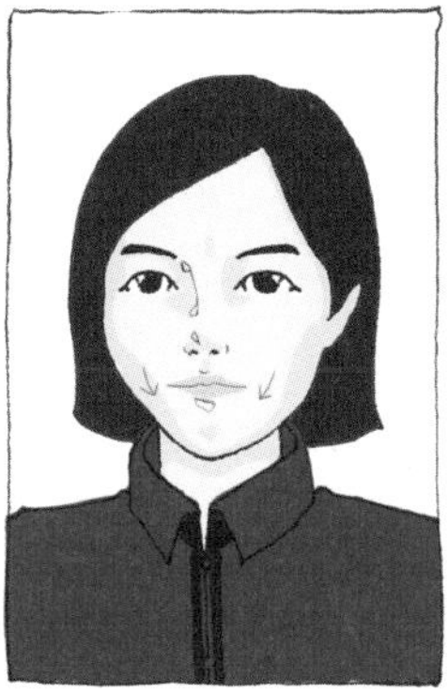

1. 입 꼬리에 힘을 줘서 최대한 위쪽으로 끌어올려 30초 유지합니다.
2. 무표정으로 10초 유지합니다.
3. 이 과정을 3번 반복합니다.

미소 연습! 처음하는 사람은 의외로 힘들 수 있습니다. 얼굴 근육이 덜덜 떨리고 턱까지 뻐근하게 아프지요. 그건 그만큼 여러분의 얼굴 근육이 뻣뻣하다는 뜻이겠죠. 하지만 이렇게 미소 연습을 매일 시간이 날 때마다 조금씩 한 달만 연습해도 눈에 띄는 변화를 확인할 수 있습니다.

저는 지하철을 타고 이동을 할 때 지하철 창에 비친 얼굴을 바라보면서 소리 없는 미소 연습을 한답니다. 운전을 할 때는 큰 소리로 '발성 연습'과 함께 '미소 연습'을 하고요.

여러분도 생활 속에서 꾸준한 미소 연습을 해보세요. 이미지 관리의 첫 걸음은 미소 관리부터! 잊지 마세요.

내적 이미지를 좌우하는 요소 3 - 안정적인 시선 처리

우리는 지금 전현무의 선거 포스터가 유재석의 선거 포스터보다 더 많은 선택을 받는 이유에 대해 행동분석적인 측면에서 살펴보고 있습니다. '열린 자세'와 '미소 관리'에 대해해서는 이야기를 나누었고, 이번에는 안정적인 '시선 처리'에 대한 이야기를 해보려 합니다. 시선 이야기가 나오니 머릿속에 떠오르는 것이 하나 있네요.

Look & Smile & Talk

눈을 마주치고 미소를 띠고 첫 마디 말을 시작하는 첫인상의 비법! 두 개의 선거 포스터를 보면 유재석 선거 포스터의 불분명한 시선 처리보다는 정면을 보지 않더라도 자연스럽고 안정적인 전현무 선거 포스터의 시선 처리가 보다 긍정적으로 느껴질 것입니다. 물론 가장 안정적인 시선 처리는 정면을 응시하면서도 편안하고 명확한 시선입니다. 그러면 정면을 본 상태에서 안정적인 시선 처리를 한 예를 확인해 볼까요?

미국의 대통령 버락 오바마의 사진입니다. 안정적인 시선 처리와 밝고 긍정적인 에너지를 전달하는 미소로 시선을 사로잡고 있습니다. 팔짱을 낀 닫힌 자세가 안타깝긴 하지만, 시선과 미소 부분에서는 베스트 오브 베스트 사진이라고 할 수 있습니다.

미국 대통령은 언제나 진정한 '이미지 승부사'랍니다. 신뢰감과 자신감이 느껴지며 밝고 긍정적인 에너지를 표현해

낸 사진은 역대 대통령의 모습에서도 확인할 수 있어요. 만약 남성분 중 신뢰감, 자신감을 전달하는 사진을 찍고자 한다면 미국 대통령의 사진을 참고해서 찍는 것을 추천합니다.

이왕 시선 처리에 대해 이야기했으니, 일상 속에서의 시선 처리 방법에 대해서도 이야기해볼까요? 일대일 상황에서 시선 처리에 대한 이야기를 먼저 해보도록 하죠.

일대일 역삼각형 시선 처리 방법

일대일 대화 상황에서 상대방에게 호감을 주는 시선은 역삼각형 시선 처리 방법입니다.

1. 상대의 오른쪽 → 왼쪽 → 코 혹은 인중을 순서대로 응시한다.
2. 한 곳을 5초 이상 응시하며 2분 이상 눈을 보고 대화한다. 짧은 시간의 시선 처리는 산만하다는 인상을 줄 수 있으니까요.
3. 한국 정서상 어떤 웃어른들은 너무 오래 눈을 응시하면 부담스러워하므로 3분에 한 번 정도는 시선을 코 방향에 머물러주는 것도 좋습니다.

이처럼 시선 처리로도 상대에게 다양한 이미지를 전달할 수 있습니다. 시선 처리를 가장 잘하는 사람으로 반기문 UN 사무총장을 뽑을 수 있는데요. 가끔 뉴스를 보다 보면 반기문 UN 사무총장은 훤칠하게 큰 키임에도 불구하고 늘 상대에게 맞춰 자세를 낮추고 눈을 응시하며 대화를 나눕니다.

서양 문화권에서는 몸을 낮추고 목을 올려 상대를 올려다보는 것을 큰 실례라 여기지만, 반기문 사무총장의 자세는 그러한 자세와는 전혀 다른, 상대와 눈을 맞추기 위한 자세이므로 예의에서 벗어나지 않으니 걱정할 것 없습니다.

또 할리우드 유명 여배우 안젤리나 졸리는 자신만의 눈맞춤 방법이 있다고 합니다. 앞서 얘기한 Eye Contact - Move - Eye Contact again이 그것인데요. 자신을 더욱 매력적으로 보이기 위해 카메라를 응시할 때 시청자와 눈을 맞추는 느낌으로 바라봤다가, 잠시 시선을 다른 곳으로 돌렸다가 다시 카메라를 지긋이 바라보는 방법을 사용한다고 해요.

이 방법은 시청자로 하여금 실제로 나를 바라보는 느낌을 주고, 잠시 시선을 돌렸다가 다시 눈을 마주치는 듯한 느낌을 들게 하여 안젤리나 졸리를 매력적으로 보이게 한다고 합니다.

내적 이미지를 좌우하는 요소 4
- 신뢰감이 느껴지는 색

색에 대한 내용은 이미 파트 1에서 다루었으므로 여기서는 간단하게, 왜 전현무 선거 포스터 사진이 유재석의 선거 포스터 사진보다 선호되는지 간단하게 짚고 넘어가겠습니다.

신뢰의 색 : BLUE

색의 심리학적 의미에 대해 기억나나요? 파란색의 긍정적 심리 효과로는 신뢰감, 자신감, 생동감 등이 있었습니다. 전현무의 사진은 인상을 좌우하는 증명사진 영역에 푸른색의 정장을 입으면서 파란색의 긍정적 효과를 십분 활용했습니다. 유재석의 선거 포스터 사진의 배경 또한 푸른색인데 어떤 차이냐고요? 바로 '명도'에 비밀의 열쇠가 숨겨져 있습니다.

인물이 돋보이는 선택 : 명도의 차이

유재석의 선거 포스터 사진을 보면, 검은색 정장에 어두운 보라색 넥타이를 차고 검정 안경테를 착용했습니다. 그럼 유재석 씨가 푸른색 정장을 입었다면 문제가 해결되었을까요?

아닙니다. 만약 그렇다면 모든 선거 후보들이 파란색 옷만 입겠지요. 여기서 문제는 인물의 지배적인 색과 비슷한 명도의 배경을 선택함으로써 인물을 부각시키는 것이 아닌, 배경과 동화되어 인물이 잘 보이지 않게 하기 때문입니다.

만약에 명도를 높여 밝은 색 배경에 동일한 의상을 입었다면, 지금보다는 인물이 훨씬 부각되었을 것입니다. 반면 전현무 선거 포스터 사진을 보면 인물이 돋보일 수 있도록 명도의 차이를 둔 것을 확인할 수 있지요?

03

진심을 전달하는 바디랭귀지와 매너

아래 그림 속 남자의 마음은 누구에게 있을까요? 바라보고 있는 여자? 아니면 몸이 향하고 있는 쪽의 여자?

정답은! 배꼽이 향하고 있는 방향의 여자입니다. 그게 무슨 이야기냐고요? 1930년도 실행된 한 연구에 의하면, 배꼽은 생각보다 많은 것을 이야기한다고 합니다. 배꼽이 향하는 방향은 상대방에 대한 사람의 태도/ 기분/ 느낌 등을 말한다고 해요.

예를 들어 사람을 만날 때 각자의 배꼽이 마주보고 있으면 가까워지고 싶다는 의미라서 친밀감이 높아질 수 있다는군요. 재미있는 것은 배꼽의 방향에 따라 개방성 정도까지 추측이 가능하다는 것인데, 만약 배꼽이 상대방을 정확히 향하고 있을 때는 둘만의 대화를 나누고 싶다는 의미로 해석될 수 있답니다.

반대로 배꼽이 서로 다른 방향을 향해 있으면 아무리 마주보고 있다 하더라도 다른 사람이 대화에 참여하기를 바라는 것이라고 해요.

상대방의 배꼽이 혹시 출구 쪽을 향하고 있다면? 이는 더 이상 이야기에 흥미를 느끼지 못하는 것이라고 합니다. 그리고 이것을 '배꼽의 법칙'이라고 부릅니다.

이후 알버트 메러비안 박사가 이 연구를 이어받아 발전시켜 '배꼽의 방향이 한 사람의 의도를 읽어내는 가장 중요한 요소'라고 발표를 했습니다. 지금도 많은 행동분석가들이 이 연구를 이어가고 있는데요. 자, 이제 다시 처음 질문으로 돌아가겠습니다. 이 사진에 있는 남자의 마음은 누구에게 있을까요? 우리의 대답은?

배꼽이 향한 방향의 여자에게 있다!

배꼽의 법칙을 역사적으로 가장 잘 활용한 사람이 있습니다. 미국의 전 대통령은 빌 클린턴인데요. 그는 처음 만나는 사람과도 편안하게 대화하는 것으로 유명했어요. 악수를 하거나 인사를 할 때 항상 상대의 방향으로 배꼽을 마주하여 친밀감을 형성하고 동시에 눈맞춤으로 친근감을 표현했지요.

그런데 그의 부인인 힐러리 클린턴은 배꼽의 법칙을 활용하지 않습니다. 그래서일까요? 빌 클린턴에 비해 친근하고 편안한 분위기가 덜한 느낌이 들곤 합니다. 실제로 오른쪽 사진은 미국 〈FINANCIAL POST〉에서 "여성 리더들이 저지르는 10가지 바디랭귀지 실수10 body language mistakes women leaders make"라는 기사에서 타이틀로 쓴 사진입니다. 물론 몇 장의 사진으로 사람의 모든 것을 평가할 수는 없습니다.

아, 한 가지 이야기를 더 하자면, 남자들은 완전히 정방향으로 서로를 마주보게 되면 대결과 같은 긴장감을 느끼므로 배꼽 방향을 약간 열어주는 것이 좋다고 합니다. 하지만 여자들은 정방향으로 서로를 마주보는 것에 전혀 거부감이 없다고 하네요.

배꼽의 법칙을 일상에서 찾아보자면, 옆에 있는 사람의 다리를 꼰 방향을 보면 알 수 있습니다. 물로 정자세로 앉아 있을 때는 배꼽의 방향을 보아야 하지만, 보통은 주변 사람들이 다리를 꼰 방향을 확인하면 배꼽의 법칙을 확인할 수 있습니다.

여러분도 지금 앉은 자리에서 다리를 한 번 꼬아보세요. 자연스럽게 다리가 꼬아진 방향으로 배꼽이 향하게 되죠. 이때 무의식적으로 더 편하거나 심리적인 유대관계를 맺고 있는 사람의 방향으로 향한다고 하네요. 앞으로는 다리를 꼰 상태를 관찰하는 것만으로도 사람들 사이의 유기적 관계를 조금이나마 엿볼 수 있을 겁니다.

여기 다리를 꼰 상태로 앉아 있는 두 장의 사진이 있습니다. 다리 모양만 보아도 우리는 이들의 사이를 상상해볼 수가 있습니다. 다리가 서로의 방향으로 향하는 사진에서는 친밀하고 화기애애한 분위기가 느껴집니다. 두 사람 다리 모양이 합쳐져서 '하트' 모양을 연상시키기도 합니다.

반대로 또 하나의 사진은 친한 듯 몸을 붙이고 앉아 있기는 하지만 배꼽의 방향과 다리의 모양 등을 관찰해보면 왠지 경쟁적 관계일 수도 있겠구나 싶은 생각이 듭니다. 묘한 긴장감이 팽팽하게 느껴지기도 하고요.

우리는 이렇게 얼굴을 볼 수 없음에도, 바디랭귀지만으로도 관계를 유추할 수 있습니다. 의사소통에서 비언어적 요소인 바디랭귀지가 55%의 큰 영향을 준다는 '알버트 메러비안'의 연구가 다시 한 번 떠오르는군요.

이 외에도 버스나 자동차 안에서 동행한 상대의 다리 위치와 방향을 보면 나에 대한 상대방의 심리적 거리를 확인할 수 있습니다.

앉은 자세나 거리, 다리 모양만 봐도 서로 친밀감을 느끼고 있는 사이인지 아닌지를 생각보다 쉽게 느낄 수 있는 것이죠. 이것이 바로 '내적 이미지'입니다.

두 사진 중 어느 쪽이 더 친한 사이로 보이나요?

두 사람의 거리를 봐주세요. 왼쪽 사진이 오른쪽 사진에 비해 두 사람의 거리가 떨어져 있습니다. 그래서 오른쪽 사진이 사이가 더 좋아 보입니다. 실제로 저희 두 사람의 사이는 아주 좋은 편이지만요.

지금 본 것처럼 사람의 물리적 거리와 심리적 거리를 비교한 연구가 있습니다. 미국의 인류학자 애듀워드 홀Edward T. Hall이 창시한 '근접학Proxemics'이 그것인데요, 근접학이란 사람과 사람 사이에 필요한 공간에 대한 연구를 한 학문입니다. 이 연구에서 제시한 사람 사이의 적당한 물리적 거리는 이러합니다.

- **친밀한 거리(15 ~ 45cm)** : 연인, 부모님, 자녀, 친한 친구, 애완동물 등의 사람에게 해당되는 거리로 친하지 않은 사람이 이 거리 안으로 들어오면 경계심과 불쾌감을 느낄 수 있습니다.

- **사적인 거리(45 ~ 1.22m) :** 사교모임, 친구들과의 만남, 어느 정도 친분이 있는 사이에 허용되는 거리로 이들이 만약 안전거리를 넘어선다 해도 우리는 사적인 영역까지는 침범받지 않을 것이라는 신뢰감이 있어 안정적인 관계가 지속될 수 있습니다.
- **사회적 거리(1.22 ~ 3.6m) :** 낯선 사람과의 거리로 별 친분이 없지만 직접 대면해야 하는 상황(비즈니스 미팅 등)에서 유지하게 되는 거리입니다. 여기서 더 다가가면 상대는 불안과 위협을 느낄 수 있습니다.
- **공적 거리(3.6m 이상) :** 대규모 연설이나 대중을 상대할 때 유지되어야 할 거리입니다.

두 사람의 사이는 어떤 사이 일까요?

그림 속의 두 커플이 있습니다. 한 커플은 서로를 마주보고 있고 또 다른 커플은 남성은 신문을 읽고 여성은 책을 읽고 있습니다. 두 커플은 어떤 사이일까요? 어떤 상황 속에 있는 것일까요? 한 번 상상해보세요.

왼쪽 그림 속 커플은 어떤 사이로 보이나요? 제가 이 그림을 보여주자 어떤 분은 화난 부인과 용서를 구하고 있는 남편처럼 보인

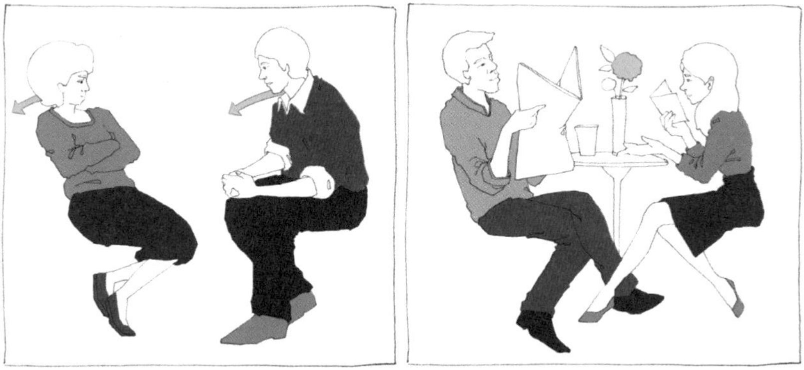

다고 했습니다. 또 어떤 분은 보험 가입을 권유하는 남성과 그 자리가 불편한 여성으로 보인다고 했습니다.

분명 눈을 마주보고 대화를 나누고 있는데 긍정적인 느낌보다는 사이가 좋지 않은 느낌을 받는 것이죠. 그 이유는 역시 여성의 '배꼽 방향'과 두 사람의 '심리적 거리'에 있습니다. 상대에게 호감이 있거나 중요한 사람이라 생각되면 우리는 몸을 앞으로 숙이게 됩니다. 반대로 경계하거나 심리적으로 거리가 느껴지면 몸을 뒤로 빼어 상호 간의 거리를 확보하려 하지요.

이러한 심리적 거리에 비추어 생각해보면, 왼쪽 그림의 여성은 경계, 남성은 호감 혹은 호소를 하고 있는 것으로 해석할 수 있습니다. 오른쪽 그림은 두 말할 것도 없이 사이 좋은 연인으로 보이는군요. 서로를 바라보지도 않고 각자의 일을 하고 있는데도 말이죠. 그 이유 또한 서로를 향하고 있는 '배꼽 방향'과 친밀감이 느껴지는 '심리적 거리'에 있습니다. 서로의 다리가 닿도록 가까이 앉아 있는 모습으로 그 사이를 유추할 수 있는 것이지요.

지금 여러분은 상대를 향해 어떤 자세를 취하고 있나요? 한번 점검해보는 시간을 가졌으면 좋겠습니다.

악수에 내포된 관계의 심리학

지금까지 살펴보았듯이 우리는 이렇게 말을 하지 않아도 다양한 표현으로 의사소통을 할 수 있습니다. 배꼽의 위치, 사람 사이의 거리로 우리는 상대와 나의 관계를 파악할 수 있는 것입니다.

이런 내적 이미지에 속하는 비언어적 커뮤니케이션 중 우리는 지금부터 '악수'에 대해 알아보려 합니다.

악수가 어떻게 시작되었는지는 많이 알려졌죠. "오른손에 무기를 들고 있지 않다", " 당신을 공격하지 않겠다"라는 의미로 오른손을 보여주기 시작하면서 악수의 문화가 생겼다고 하네요. 그런데 이러한 악수에도 사람 사이의 관계가 심리학적으로 내포되어 있습니다.

혹시 옆에 누군가 있다면 지금 그 사람과 악수를 나눠보세요. 그리고 잠시 멈추고 자신의 손 모습을 관찰해보세요. 여러분의 손은 어디에 위치해 있습니까? 악수할 때의 손의 위치도 그 의미가 다르데요. 잠시 미국 대통령 오바마의 악수법을 보고 이야기를 나누도록 하지요.

'오바마 악수법'의 특징을 찾았나요? 자신의 손은 조금 비스듬하게 내리고 상대의 손을 높여주고 있네요. 일반적 국제관례상 국가 원수끼리는 평등한 위치에서 악수를 합니다. 그런데 오바마는 자신의 손을 낮추고 상대를 높이는 악수를 하고 있습니다.

만약 우리나라 대통령이 타국의 대통령과 악수를 할 때, 오바마처럼 상대를 높이는 악수를 한다면 어떻게 될까요? '우리나라'라는 말 대신 '저희 나라'라는 말을 사용하는 것처럼 나라를 낮추는 것으로 여겨 있을 수 없는 일이라 할 것이 뻔합니다. 그런데 어떻게 오바마는 가능하냐고요? 그의 행동은 '미국 대통령은 상대를 높이며 악수를 해도 낮춰지지 않는다'라는 우월적 생각을 기반으로 행한 것이 아닐런지 조심스럽게 추측해봅니다.

이와는 반대로 특이하게 악수를 하는 사람이 또 있습니다. 이름하여 러시아 대통령 블라디미르 푸틴Vladimir Putin인데요.

푸틴 대통령은 악수를 할 때 자신의 남성성과 존엄을 강조하는 듯한 악수를 하곤 합니다. 오바마의 악수법과 반대로 자신의 손을 상대의 손 위에 올리면서 악수를 하는 것이죠. 이러한 악수는 소위

강대국이라 불리는 나라의 사람과 만났을 때 더욱 자주 보입니다.

이 사진은 푸틴 대통령과 오바마 대통령이 악수하는 사진입니다. 보이나요? 악수를 제안하는 푸틴의 손과 불쾌함을 드러내는 오바마의 표정.

물론 악수는 푸틴의 뜻대로 했지만, 이 두 사람의 표정과 눈빛에서는 팽팽한 긴장 상태가 보입니다. 이런 푸틴의 악수법은 의도치 않게 상대에게 불쾌감을 안겨줄 수 있으니 조심하도록 합니다.

특히 비즈니스 현장에서는 상대보다 유리한 위치를 차지하기 위해 의도적으로 살짝 자신의 손을 올려 악수하는 경우가 있는데요. 이때에도 심리적인 효과를 기대하는 수준에서 행해야지 상대가 알아차릴 정도로 하면 불쾌함을 느낄 수 있습니다.

악수를 하다가 자신의 손을 관찰해보세요. 당신의 손이 상대의 손보다 위쪽으로 살짝 기울어져 있다면 당신은 사회적으로 지위가 높은 사람일 확률이 높습니다. 그런데 최근에는 많은 리더들이 오바마처럼 의식적으로 스스로를 낮추는 악수를 한다고 하네요. 벼는 익을수록 고개를 숙인다는 말을 실천하고 적을 만들지 않기 위해서랍니다. 그런 의미에서 보면 남성적이고 자신감 있는 태도에 차 있는 푸틴의 악수법이 참 특이한 경우이지요.

이 이상한 인사법은 무엇일까요? 예의와 품위를 중시하는 오바마 대통령과 동방예의지국의 대표 UN 반기문 사무총장이 특이한 방법으로 인사를 하고 있네요.

오바마 대통령은 주먹을 부딪치고 반기문 사무총장은 팔꿈치를 부딪치는 이 인사는 예의가 없는 것이 아니라 새롭게 만들어진 인사법이랍니다. 일명 '오바마 인사법'으로 불리는 범프First Bump 인사법과 반기문 총장이 제안한 '팔꿈치 인사법'이지요.

이 인사법은 사회적으로 자연 발생한 전통의 인사법이 아닌 신체 접촉에 의한 세균간염과 전염병의 예방을 위해 인위적으로 만든 것인데요. 여기서 궁금한 점은 세균간염이 염려된다면 그냥 신체 접촉을 피하면 될 텐데 굳이 손이 아닌 다른 부분으로 인사 방법을 만들었다는 거예요.

신체 접촉을 통한 비언어적 커뮤니케이션을 포기하지 못하고 다른 방식의 악수를 만들어가며까지 인사를 하는 이유는 무엇일까요?

악수는 인사/ 계약/ 협력/ 합의 등 다양한 상황에서 천 년 이상 사용해온 비언어적 커뮤니케이션 방법입니다. 악수를 하면서 상대방과 눈빛을 나누고 신체 접촉으로 체온을 나누면서 우리는 유대감과 친밀감을 형성해왔습니다. 같이 밥을 먹고 눈을 마주치고 대화를 나누다 보면 그 사람과 친해지는 데 큰 도움이 됩니다.

경계를 풀고 친밀감을 표현하는 중요한 수단이기 때문에 우리는 '신체 접촉'의 커뮤니케이션을 포기할 수 없는 것이지요. 그래서 다양한 전염을 막으면서도 친밀감을 형성할 수 있는 새로운 신체 접촉형 인사법을 만든 것입니다.

물론 이런 인사를 할 때는 모르는 사람은 예의 없는 행위로 오해를 살 수 있으니 충분한 설명 후 진행하는 것을 추천합니다. 이렇게 말이에요.

A : 그거 아세요? 오바마 대통령이 에볼라 확산을 위해 만든 인사법이 있데요.

B : 아, 뉴스에서 본 적 있어요. 주먹을 부딪치는 것이었죠?

A : 우리도 그렇게 인사를 해볼까요?

B : 좋죠!

이런 대화를 거친다면 오해 없이 새로운 인사법을 사용할 수 있겠지요?

알아두면 언젠가는 필요한 매너와 에티켓

영화 〈킹스맨 : 시크릿 에이전트Kingsman : The secret service〉 보셨나요? 거기에 이런 대사가 나오죠.

"Manners makes Man"

'매너가 사람을 만든다!' 이 영화가 아니어도 한번쯤은 들어본 적 있을 것입니다. 그런데 여기서 말하는 매너는 무엇일까요?

- **매너**Manner : 행동하는 격식, 방식, 자세를 의미하며 몸가짐/ 버릇/ 태도로 순화하여 표현한다.
- **에티켓**Etiquette : 사회생활에서 취해야 할 바람직한 행동방식으로 좋은 매너를 의미한다.

매너와 에티켓. 사전적 정의만 읽어서는 도통 이해가 되지 않죠? 사실 매너와 에티켓의 차이는 우리가 쓰는 말 속에 있습니다.

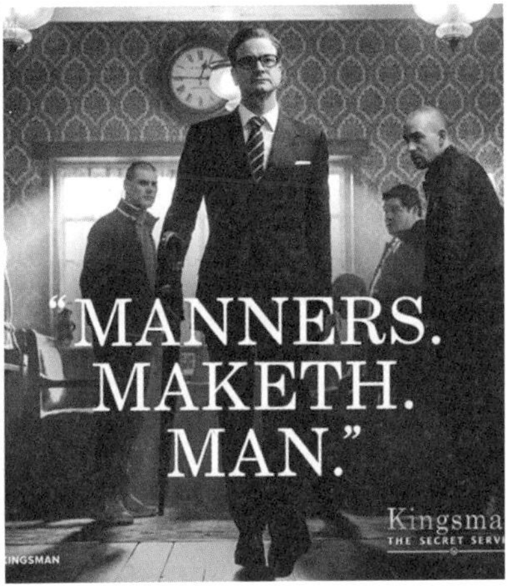

"그 사람 참 매너가 좋아."

"에티켓이 없네요."

우리는 매너를 이야기할 때 '좋다'와 '나쁘다'로 표현하고, 에티켓을 이야기할 때는 '있다'와 없다'로 표현합니다.

그러니까 '좋은 매너 = 에티켓'이라고 생각하면 됩니다.

중세 프랑스에서 귀족의 파티에 들어가기 위해 필요했던 티켓을 뜻하는 말에서 시작된 것이 '에티켓'인데요. 귀족 파티에 들어가려면 꼭 좋은 매너를 갖추어야 했기 때문이라고 하네요. 그래서 매너는 '좋다, 나쁘다'라고 표현하고 에티켓은 '있다, 없다'라고 표현한답니다.

정리하자면 '에티켓은 좋은 매너다!'

이제 그 차이가 이해되나요?

그럼 좋은 매너에 대한 예를 몇 가지 들어볼게요.

자동차 좌석에서 상석은 어디일까?

나는 신입사원입니다. 우리 회사 부장님과 바이어와의 미팅이 있는 오늘. 내 자리는 어디일까요?

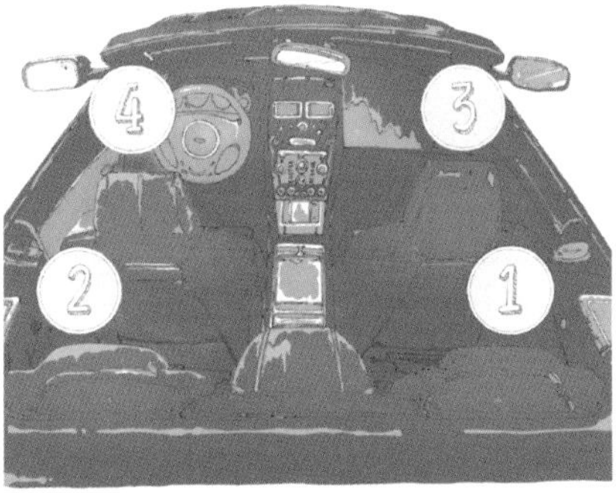

운전자가 있을 때

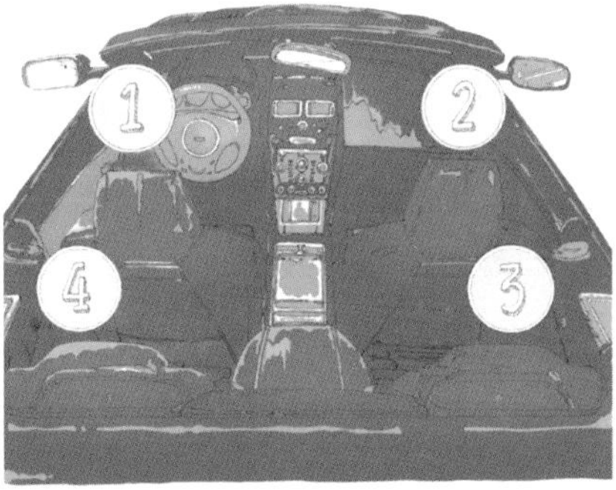

운전자가 VIP일 때

운전을 누가 하느냐에 따라 자리가 바뀌게 되는데요. 운전자가 있는 경우에는 1번 자리에 바이어를, 2번 자리에 회사 부장님, 3번 자리에 신입사원이 앉습니다.

간혹 차를 좋아하거나 상황상 바이어가 차를 가져와 운전을 하게 된다면 1번 자리에 바이어, 2번 자리에 부장님, 3번 자리에 신입사원이 앉습니다. 만약 회사 과장님이 같이 온 경우라면 3번이 과장님, 4번이 신입사원이겠죠?

기차 좌석에서 상석은 어디일까?

KTX를 다 같이 타고 이동을 해야 하는 상황. 정방향으로 탑승했을 때는 1번 자리가 가장 상석이 됩니다. 왜냐하면 사람은 보통 자신의 뒤에 누군가가 있을 때 심리적 불안감을 느끼기 때문입니다. 네 사람의 대화를 진행할 경우에도 1번 자리가 가장 편한 자리가 될 수 있습니다.

물론 상석에 앉을 분이 통로 쪽 자리를 더 좋아한다면 편한 곳에 앉아도 상관없지만 일반적으로는 타인이 지나다 부딪힐 수 있는 통로보다는 창가 측을 상석으로 판단합니다.

엘레베이터에서의 상석은 어디일까?

식당으로 들어가는 엘리베이터에 탑승하는 상황. 상석은 어디일까요? 1번 자리를 상석, 3번 자리가 신입사원의 자리가 되어 엘리베이터를 조종합니다. 자, 여기서 퀴즈!

엘리베이터를 탑승할 때는 어떤 사람부터 탑승해야 할까요?

3번 자리의 신입사원부터 탑승합니다. 엘리베이터는 편리하기도 하지만 위험할 수도 있으니 안전을 확인하기 위해 신입사원이 먼저 탑승하고 3번 자리로 가서 엘리베이터를 조작하는 것이지요. 그리고 부장님이 바이어를 모시고 탑승하는 것이 좋습니다.

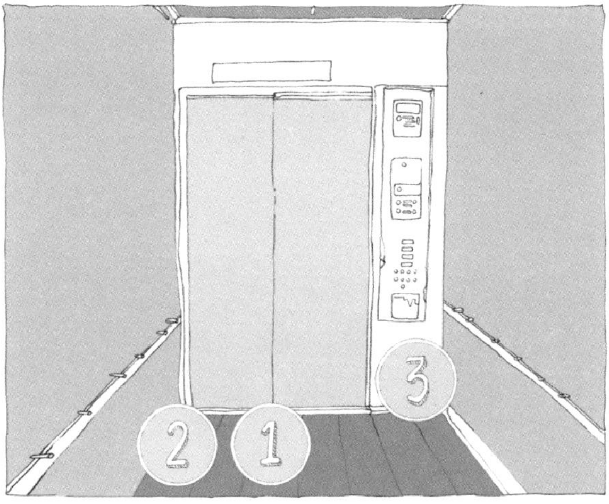

식당에서 앉을 때, 어디가 상석일까?

식당에서는 문에서 먼 쪽, 테이블의 중심이 상석입니다. 그러므로 식당 테이블에 앉을 때는 테이블 중심을 상석으로 하여 문 반대쪽에 게스트가 앉도록 하는 것이 매너입니다.

하지만 식탁에서의 상석은 문화권별로, 종교적 특성별로 다르게 나타나고 테이블 모양에 따라 다를 수도 있으므로 접대 받는 사람을 배려하는 마음으로 자리를 정하면 충분할 것입니다.

사실 이 책에서 좋은 매너에 대해 충분히 이야기한다는 것은 한

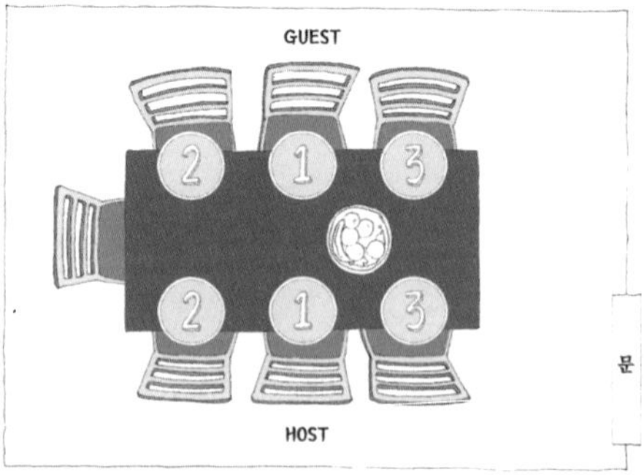

계가 있습니다. 전문 서적이 많이 나와 있을 만큼, 매너에 관한 이야기를 하자면 책 한 권 분량으로도 모자랍니다.

중세 유럽에서 시작된 젠틀맨의 매너부터 동양적 예의에 대한 이야기, 다문화 사회 속에서 문화의 충돌로 발생하는 새로운 매너까지 정말 이야깃거리가 풍부하니까요.

여기서는 그것들을 생략하는 대신 좋은 매너를 만드는 특별한 비법을 알려드릴게요. 그 방법은 '배려'입니다. 배려를 한 문장으로 말하자면 '도와주거나 보살펴주려고 마음을 쓰는 것'이지요?

세상의 모든 매너는 이 배려를 바탕으로 합니다. 그러므로 상대를 배려하고 행동한다면 언제든 당신은 에티켓 있는 사람으로 평가 받을 것입니다.

타인의 평가를 위해서, 좋은 이미지를 쌓기 위해서 배려하라는 것이 아닙니다. 마음의 바탕에 배려가 있다면 좋은 이미지는 당연히 따라올 것입니다. 안타깝게도 책 몇 권으로, 강의 몇 번으로 내적 이미지는 결코 좋아질 수 없습니다. 내적 이미지에는 성격/ 인성/ 본성 등이 들어있기 때문이죠. 또 그 성격/ 인성/ 본성 등은 책을 읽고 공부하는 것으로 고치는 것이 쉽지 않습니다. 심리학자들에 의하면 성격, 인성, 본성은 보통 3살 이전의 부모님과의 관계와 3살부터 10살까지의 경험으로 형성된다고 합니다. 그러니 도를 닦지 않는 이상 성격과 인성을 바꾸는 것은 쉬운 일은 아니지요. 그래서 '내적 이미지'의 변화가 이미지의 3요소 중 가장 오래 걸린다고 한 것입니다.

내적 이미지를 교육으로 변화할 수 있는 영역은 나의 본심이 왜곡되지 않고 긍정적인 이미지로 전달될 수 있도록 눈으로 보이는 부분을 관리하는 것입니다. 또 그 노력을 통해서 성격, 본성, 인격으로 표현되는 이미지에 대해 다시 한 번 성찰하고 실천하는 것입니다. 더 좋은 성격, 더 좋은 인성, 더 좋은 마음을 갖기 위한 노력으로 행동부터 바꿔보는 거죠.

억지로 웃을 때 나오는 호르몬과 진심으로 웃을 때 나오는 호르몬이 같다는 연구 결과는 앞에서 이야기했지요? 억지로 웃다 보면 진짜 웃게 됩니다. 봉사도 하다 보면 습관이 됩니다. 특별한 날만 하는 기부나 봉사를 욕하는 사람도 있지만 그런 날이라도 봉사를 하는 것이 중요하듯 내적 이미지 또한 관리를 하다 보면 실제로 더 '좋은 사람'이 될 수 있을 것입니다.

진심의 마법
경청, 공감, 미소

그래서 준비한 내적 이미지를 위한 마지막 비법은 바로 이것입니다. 크게 한 번 읽어보세요.

'경청 – 공감 – 미소'

이 세 가지는 진심을 전달하는 마법이라고 할 수 있습니다. 호감을 표현하는 방법이자 호감을 얻는 방법이기도 합니다.

말을 잘하기 위한 제1요건, 경청

경청을 영어로 하면 Active hearing입니다. 그냥 듣는 것을 넘어서 상대방이 전달하고자 하는 말의 내용은 물론, 그 내면의 동기와 정서까지 귀를 기울여 듣고 이해된 바를 상대에게 피드백하는 것을 말합니다.

그런데 이 경청이라는 것은 분명 진심을 다해 듣고 있는데도 상대에게 전달되지 않는 경우가 많습니다. 그래서 미소처럼 연습이 필요합니다. 커뮤니케이션 관련 서적을 보면, 나는 말을 잘하고 싶어서 책을 읽는 것인데 책의 내용 중 상당 부분이 경청에 대한 쓰인 것을 볼 때가 있습니다.

말을 잘하기 위한 제1요건이 경청이기에 어쩔 수 없는 것이지요. 여기서 경청은 두 가지로 나눌 수 있습니다.

첫 번째는 진심으로 상대방의 말을 듣는 것이고, 두 번째는 내가 잘 듣고 있음을 상대방에게 표현해주는 것입니다.

이 두 가지를 잘하는 방법으로 제가 제안하는 바는, 눈을 마주치고 머리를 끄덕이며 당신의 말을 듣고 있음을 표현하는 것입니다.

"네, 그렇군요", "맞습니다", "저도 동감입니다" 등의 언어로 동조를 표현하는 것이지요.

그런 후에 대화의 내용을 잘 이해하고 피드백까지 할 수 있다면 상대는 당신이 잘 경청하고 있다고 느낄 것입니다.

이 사진에 경청/ 공감/ 미소가 모두 녹아 있습니다. 귀를 기울이고(경청), 감정을 나누며(공감), 미소를 짓고 있는 이들의 그림을 보면 마음이 따뜻해지지 않나요?

이렇게 외적 이미지와 내적 이미지는 상호작용을 하며 우리의 머릿속에 '이미지Image'를 선물합니다.

말하지 않아도 알아요, 공감

말하지 않아도 알 수 있는 것은 초콜릿으로 만든 어떤 과자밖에 없다고 믿으며 감정은 언제나 솔직하게 표현해야 한다고 말하는 저이긴 하지만, 가끔은 감정을 이입해 상대의 감정에 '공감'을 하기도 하지요. TV 프로그램이나 영화를 볼 때 주인공의 감정에 동화되어 울고 웃는 경험 또한 '공감'이라 할 수 있습니다.

영화 〈E.T〉에서 외계인 E.T와 남자 주인공 어린이의 소통방식은 말없이 나누는 '공감'이었습니다. 이 영화를 못 보신 분도 공감의 위대함을 느낄 수 있는 방법이 있습니다. 〈아침마당〉과 같은 방송 프로그램이나 아침 드라마를 보고 있는 할머니 혹은 어머니를 보세요. TV와 대화하면서 울고 웃고 하는 모습을 목격하게 될 것입니다. 진정한 '공감'의 순간 아닌가요?

호감을 부르는, 미소

미소는 앞에서 충분히 이야기했습니다. 생각난 김에 미소 연습을 다시 한 번 해보면서 이번 파트2를 정리하겠습니다. 경청/ 공감/ 미소! 꼭 기억하면서 내적 이미지도 멋지게 관리하세요.

Communicati

PART 03

이미지는 커뮤니케이션으로 완성된다

지금부터는 '따뜻한 공감을 말하는 아나운서 이은경'과
함께 합니다. 늘 공감과 소통이 화두가 되는 세상!
이왕이면 공감과 소통도 따뜻하게 하자는 의미에서
언제부터인가 제 이름 앞에 '따뜻한 공감'이란
수식어구를 넣곤 하는데요.
편하게 명함을 주고받으면 될 것을 왜 이렇게 장황한 수식어구로
손발을 오글거리게 하느냐고 타박을 하는 이도 있지만,
어느 날 내가 준 명함이 식사 후 이쑤시개로 쓰일 수도 있겠구나
싶은 현장을 목격한 후, 저는 명함을 주고받는 일은
그냥 행위에 불과할 뿐 나를 소개할 수 있는 그 어떤 것은
아니라고 생각해서 제 이름 앞에 '따뜻한 공감'이라는 말을
붙였습니다. 그리고 나를 잘 소개할 수 있는 이 두 단어에
집중하게 되었지요. 그래서 어떻게 인생에 도움이 좀 되었냐고요?

'물론' 입니다.
저는 이은경이란 이름으로 30대 중반까지 살아온 사람입니다.
흔한 이름 탓에 늘 '이은경A', '작은 이은경' 쯤으로
불리웠던 제가 이제는 따뜻한 공감을 말하는 단 한 명의
이은경 아나운서로 기억되고 있으니 말입니다.
참 특별하고도 행복한 일 아니겠어요?

제가 가장 많이 받는 질문 중 하나가
도대체 어떻게 하면 목소리를 멋지게 낼 수 있는지,
어떻게 하면 정확하고 크게 말할 수 있는지에 관한 것입니다.
그런데 그 이전에 나를 인식시킬 나만의 특별한 자기소개가
인생에서 너무나 중요하다는 사실을 먼저 이야기하고 싶습니다.

그래서 여러분과 파트3에서 나눌 이야기는
호흡/ 발음/ 발성이라는 기본적인 커뮤니케이션 요소와 더불어
많은 사람들과 따뜻하게 이야기들을 만들어가는
'공감과 소통'에 중점을 두고자 합니다.
지금부터 제가 이야기하는 순서에 따라 그것을 열심히
따라하다 보면 어느새 여러분이 고민하던 부분은
조금씩 풀릴 수 있을 것입니다.

이 책은 커뮤니케이션 이론을 멋부려 설명한 책이 아니고
모두에게 도움이 될 수 있도록 가장 쉬운 단계부터 설명할
예정입니다. 호흡/ 발음/ 발성뿐만 아니라 소통과 공감의
기본까지 어린아이가 말을 하나하나 익히듯 최대한
쉽고 재미있게 진행할 것을 약속드립니다.
자, 그러니 이제 가볍게 몸을 푸시자고요.
준비되셨죠? 지금부터 시작합니다!

01

나는 소통 불능자인가, 소통 가능자인가

통하는 사람과 통하지 않는 사람을 구분하다 보니 어느새 친구가 없다고요? 혹시 그렇다면 그 사람이 아닌, 나에게 문제가 있는 것은 아닌지 진단해봐야 합니다. 자신의 언어 습관이 어떠한지 돌아보고 혹여 고쳐야 할 부분이 발견되면 이를 개선해 나가야 한다는 말입니다. 가령 이런 것들이지요.

- "당신이 뭘 알겠어.", "내가 왕년에 해봐서 아는데…" 등등 무의식적으로 상대방을 불쾌하게 하는 표현들은 없는가.
- 음…", "어…"와 같이 의미없이 무의식적으로 내뱉는 소리는 없는가.
- 호흡과 발성이 크지 않아 상대가 알아듣기 어렵지는 않은가.
- 발음이 정확하지 않아 오해를 불러일으키곤 하진 않는가.

당신의 커뮤니케이션 지수는?

다음 10가지 항목을 읽고 점수를 매겨 보세요.

1. 나는 사람들 앞에만 나서면 떨린다.
2. 무대에 올라가면, 예를 들어 단상 위, 시선이 집중되는 자리에 있으면 입이 바짝 마른다.
3. 자기 소개를 10초만 시켜도 떨려서 자리를 피한다.
4. 처음 만난 사람과 5분 이상의 대화가 어렵다.
5. 카메라 울렁증이 있다.
6. 멍석을 깔아줘도 하질 못한다.
7. 늘 만나는 사람만 만나 대화하는 편이다.
8. 회사 학교 등등에서 장기자랑 시간이 가장 두렵다.
9. 프리젠테이션 시간에 떨려서 발표를 제대로 마무리할 수가 없다.
10. 사람과 눈을 마주치는 것이 두렵다.

| 점수 기준 |

절대 아님 2점/ 거의 아님 4점/ 가끔 6점/ 종종 그러함 8점/ 정말 그러함 10점

- 80-100점 : 확실한 코칭이 필요한 사람
- 60-80점 : 이 책을 차근차근 따라해서 열심히 훈련해볼 것.
- 40-60점 : 조금만 노력하면 당신은 프로가 될 수 있어요.
- 20-40점 : 자신감이 넘치는 리더형의 사람
- 0-20 점 : 책을 편안하게 읽으며 스피치의 이미지만 정확히 만들어보세요. Good!

말을 잘하지 못하는 사람들도 귀만큼은 전문가

너도나도 어쩜 그리 말들을 잘하고 또 잘 평가하는지… 누군가의 앞에 선다는 것은 실험대 위에 서는 실험용 샘플 같아서 걱정이 이만저만이 아닙니다. 나보다 많은 지식을 갖고 있는 것 같아서, 혹 나의 무지가 들통날까 봐 입을 꾹! 닫고 있을 때도 있죠.

반대로 내가 알고 있는 그 어떤 내용이라도 말해야 할 것 같은 불안감을 벗어나지 못하여 쉴 새 없이 이야기를 하기도 하고요.

상대는 귀명창! 그러나 그 또한 아직은 입명창이 아닐지 모릅니다. "내가 왕년에 말이야."라는 말에 지레 겁먹지 마세요. 모두가 같은 지식과 같은 모습으로, 같은 말을 하며 살 수는 없으니까요. 자, 그럼 우리 일단 지식에 대한 이야기를 먼저 나누어볼까요?

이 세상의 지식을 원이라고 생각해봅시다. 이중에서 내가 알고 있는 지식은 얼마나 될까요? 케이크 조각이라고 생각해본다면 1조각쯤 될까요? 아니면 2조각? 관점을 달리해서도 생각해보세요. 그렇다면 다음 질문! 이 세상의 지식 중 내가 모른다는 것도 모르는 지식은 얼마나 될까요?

소통을 말하다가 왜 갑자기 뜬구름 잡는 이야기를 하냐고요?

내가 모른다는 것도 모르는 지식이라! 가깝게 찾아보자면 새로 나오는, 지금 이 순간에도 쉴 새 없이 쏟아지는 지식들은 어쩌면 내가 모른다는 것조차 느낄 수 없는 신지식들일 겁니다.

그런데 이런 지식들이 조금씩만 나올까요? 아마 더 많이 나오면 나왔지 적게 나오지는 않을 겁니다.

그러니 지식을 알고 모름에, 특히 내가 알고 있는 과거의 지식에 연연하지 마세요. 우리는 흔히 "내가 왕년에~"라는 말을 많이 하지만 과거의 지식이나 경험보다 중요한 것은 새로운 것을 받아들이는 마음자세와 그렇게 해서 알게 된 새로운 지식과 경험에 가슴이 뛰는가 아닌가 하는 것입니다.

우리가 만나는 상대는 대개 귀명창이라고 했지요? 그들을 감동시킬 나만의 비밀병기를 차곡차곡 만들어보아요. 과거의 지식에만 연연하지 말고요.

혹시라도 가졌을지 모를 나쁜 언어습관을 캐치하는 법

우리가 말을 하는 이유는 무엇일까요? 말은 다른 사람을 위해서 하는 것입니다. 나 혼자 할 수 있고 그냥 내가 필요로 하는 것이라면 말로 내뱉지 않고 행동하면 되기 때문이죠. 다시 말해 말을 하는 이유는 누군가와 소통하기 위한 수단인 것이죠.

그런데 언제부터인가부터 우리는 말을 '내' 기준으로만 하는 것 같습니다. 하지만 그렇게 내뱉은 말은 사람과 사람 간에 오해를 만들기도 하고 상처를 주기도 하죠.

제가 아는 영어 교수님께서 이런 이야기를 하신 적이 있습니다. 우리는 영어가 모국어가 아니다 보니 말을 짧게 하곤 하는데, 문장을 내 위주로 짧게, 편하게 표현하다 보면 상대에게 굉장히 무례해질 때가 많다는 것입니다.

그러고 보니 우리는 종종 외국인과의 첫 만남에서 "너 몇 살이니?", "너 결혼했니?" 등등의 짧은 표현을 내뱉는 경우가 있습니다. 영어를 잘 못한다는 핑계를 대면서요. 상대가 당황해할 것은 뻔하겠죠? 같은 한국 사람과 대화할 때도 이런 대화는 참 무례한 일일 겁니다. 스스로의 모습은 어떤가요? 잠시 얼굴이 붉어지진 않았나요?

혹여 실례되는 이야기를 꺼내야 할 상황이라면 "내가 잘 몰라서 그러는데~", "실례하지만 ~ 괜찮을까요?" 등등 일명 양해를 구하는 멘트를 먼저 하고 이야기를 꺼내야 합니다. (영어로 말하자면 Excuse me. I was wondering, if could help me, I'd like know~~ 식의 표현을 말해요.)

그러면 같은 내용의 질문이더라도 훨씬 유연한 대답을 기대할 수 있습니다. 게다가 양해를 구하는 멘트의 밑바탕에는 상대에 대한 배려라는 것이 깔려 있으므로, 이러한 말의 습관은 꼭 필요하다 할 수 있어요.

같은 맥락에서 혹시 누군가와 소통이 잘되지 않는다면 나의 말의 습관이나 억양, 표정을 스스로 진단해볼 필요가 있습니다. 그러다 보면 내 의도와는 상관없이 그와 그녀에게 엄청난 무례를 범하고 있는 자신의 모습에 깜짝 놀랄 수도 있거든요. 그래도 얼마나 다행입니까? 지금이라도 알았다는 것이!

혹시라도 가졌을지 모를 나쁜 말 습관을 진단하는 가장 간단한 방법은 내 모습을 촬영할 수 있는 기기를 꺼내서 3~5분 정도의 동영상을 찍어보는 것입니다. 처음엔 내 자신을 인정할 수 없을 정도로 창피할지 모르지만, 이는 객관적으로 들여다보고 스스로를 돌아볼 수 있는 최고의 방법이니 망설이지 말고 해보세요.

커뮤니케이션은 왜 중요한가

저는 직업상 스피치에 대한 조언을 많이 하는데요. 의외로 사회적으로 높은 위치에 있고 소통에 있어 달인일 것 같은 분들이 대화를 어려워하며 도움을 요청하곤 해서 깜짝 놀랄 때가 있습니다.

특히 정보통신기술이 발전하면서 소통 문화가 더 줄어든 듯 보이는데요. 같은 공간에 있으면서도 서로 이야기를 나누는 대신 채팅을 하거나 그것마저도 어려워 모든 업무를 이메일로 주고받는 분도 있었습니다.

그러다 보니 한 회사의 임원이 이런 고충을 털어놓더군요.

앱개발을 하는 회사였는데 개발 팀장이 잠시 외국 출장으로 자리를 비운 사이 하루 정도 앱이 정지되거나 버벅되는 문제가 생긴 것입니다. 그런데 팀원들이 그 문제를 아무도 팀장에게 보고를 하지 않아서 피해가 막대하게 났다는 거죠.

상식적으론 이해가 되지 않지만 팀원들 입장에서는 그만큼 팀장과의 소통이 싫고 어려웠다는 이야기가 될 수 있습니다.

이렇게까지 서로 커뮤니케이션이 되지 않을 때는 비단 '좀 어렵다! 스트레스 받는다'는 수준이 아닌 회사에 막대한 피해를 줄 수 있는 만큼 큰 문제라고 할 수 있어요. 이는 작은 기업이라면 회사의 문을 닫는 일까지 생길 수 있는 심각한 문제라 할 것입니다.

모든 것을 혼자서 해낼 수 있는 사람은 없습니다. 함께 잘 소통하는 문화를 만들어 모두가 성장할 수 있는 해법을 찾는다면 적어도 이런 일은 없겠죠?

여러분은 소통을 잘 하고 있습니까? 혹시 당신과의 대화를 꺼리는 사람은 없나요? 주위를 둘러보기 전에 자신이 소통가능자인지 다시 한 번 객관적으로 자신을 바라봐주세요.

태어날 때부터 말 잘하는 사람은 없다

제가 가장 많이 듣는 질문은 원래 사람들 앞에서 이야기를 잘 했느냐는 것입니다. 정말 그랬을까요?

글쎄요. 선천적으로 사람들 앞에서 말을 잘하는 사람이란 어느 정도 끼를 타고난 사람 외에는 그리 많지 않을 거예요. 저는 이런 질문을 받을 때마다 어렸을 때의 모습을 떠올려보는데요. 정말 수줍음이 많은 아이였죠.

초등학교 5학년 때였을까, 음악 시간이었습니다. 당시 유행하는 노래 중 하나를 선택해서 노래를 하는 장기자랑 시간이었습니다. 그래서 그 며칠 전부터 저는 연습을 하고 또 했습니다. 그리고 두근두근한 마음을 감추고 무대에 서서 정말 열창을 했지요. 그런데 그러던 중 아주 대형 사고가 났습니다.

고음에서 그야말로 최고의 음이탈이 난 거죠. 반 친구들은 모두 재미있다며 웃었지만 저는 얼마나 창피하던지 노래를 부르던 중간에 뛰쳐나가 초등학교 졸업할 때까지 다시는 앞에 나가 노래를 부르지 않았답니다. 이랬던 저도 창피함을 수없이 넘겨가며 이제는 무대에 거의 매일 서는 사람이 되었습니다. 연습만큼, 아니 넘어진 만큼 스스로에게 좋은 수업은 없는 것 같습니다.

청중이란 공포를 이기는 법, 자주 하면 무뎌진다

먼저 여러분에게 물어볼 게 있습니다.

사람들 앞에서 발표를 할 때 얼마만큼 떠나요?

아니 더 정확한 질문으로! 얼마나 자주 사람들 앞에 서보았나요?

생각해보면 지금까지 대중 앞에 설 기회는 그리 많지 않았을 것입니다. 그렇기 때문에 떨리는 거죠. 자주 하다 보면 그 어떤 것이든 무뎌지기 마련입니다. 그러므로 우린 어쩌면 아직도 무뎌지기에는 너무나 적은 연습을 해온 것입니다. 그래도 이왕이면 적은 연습으로 근사해지고 싶다고요?

알겠습니다. 그럼 제가 무려 5~6년 동안 열심히 시행착오를 거치고 나서야 터득한 저만의 비법을 공개해드릴게요. 대신 적어도 10번은 꼭 연습할 것을 약속해주세요. 알았죠?

오른쪽 사진은 제가 어린이 대음악제가 열리는 야외공연장에서 사회를 봤던 날의 모습입니다. 딱 봐도 제 앞에 얼마나 많은 사람이 있는지 보이지요? 많은 사람들 앞에서 홀로 스포트라이트를 받고 선 기분! 처음엔 울고 싶었습니다. 그런데 사실 사람이 10명이든 100명이든, 아니면 1000명이든 숫자는 중요하지 않아요. 그냥 한 사람 한 사람과의 대화라고 생각하면 됩니다.

대기업 회장이나 아주 높은 상사쯤 되면 몰라도, 일대일 대화에서 떨리는 사람은 거의 없잖아요. 그러므로 많은 사람들 앞에 서야 할 때는 그냥 일대일 대화라고 생각하세요. 한 문장 한 문장을 단 한 사람과 눈을 마주치며 말하는 겁니다.

처음엔 사람을 바라보는 게 어색하고 쑥스럽지만, 긴장해서 시선을 아무 데나 두면 눈빛이 흔들려서 더 불안하고 아마추어 같아 보여요. 이때 사람을 보게 되면 다소 어색한 느낌이 들진 몰라도, 시선이 고정되는 효과가 있고 내가 바라보는 사람의 표정에 따라 나 또한 생동감 있는 표정이 연출되기도 하죠.

멘트를 바꿀 때마다 바라보는 사람을 바꿔보세요. 순간순간의 표정도 계속해서 바뀌게 되고 좀 더 자연스러워집니다. 그러다가 어느 정도 마음이 정리되면 그동안 바라봤던 사람 중에 나에게 특별히 집중해서 미소를 지어주던 사람에게 시선을 옮겨 이야기를 이어가보세요. 이렇게 10번 정도 훈련해보면 달라진 스스로에 놀랄 겁니다. 정말이요. 한 번 믿고 해보세요.

02

나를 근사하게 만들어줄 스피치 훈련

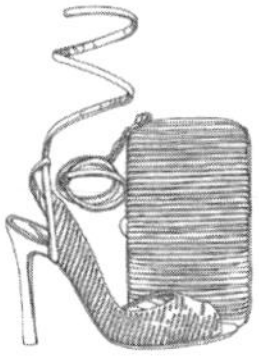

스피치 컨설턴트를 하는 분들을 보면, 호흡을 할 때 "복식호흡을 하세요!"라고 주문을 하게 됩니다. 그런데 복식호흡이라는 게 여간 복잡하고 귀찮은 게 아니잖아요. 왜 이런 힘든 호흡을 하라고 하는 걸까요?

어린아이가 쌔근쌔근 자는 모습을 보세요. 배가 위로 불룩 올라왔다가 내려가는 모습 보셨을 겁니다. 우리는 이렇게 태어날 때부터 복식호흡을 잘하게 태어났습니다.

그런데 두발로 일어나 걷기 시작하면서부터 깊은 호흡에 귀찮음을 느끼고 흉식 호흡/ 코 호흡/ 입 호흡 등 짧은 호흡으로 점점 변했던 거죠.

깊은 호흡이 필요한 이유를 한 마디로 말하자면, 깊은 소리를 내기 위해서입니다. 멋진 목소리, 크고 힘 있는 목소리는 짧은 호흡.

얕은 호흡으로는 불가능하기 때문이죠.

야구선수의 시구를 보면 야구공을 그냥 앞으로 툭 던지는 게 아닙니다. 뒤로 힘껏 당겼다가 그 동력으로 앞으로 쭈~욱 던지지요. 그래야 훨씬 더 멀리, 강하게 나가니까요.

그런데 호흡을 길고, 깊게 하기 위해서는 동력이 필요하고 노력이 필요합니다. 자, 그럼 우리 멋진 호흡 시구를 위한 복식호흡 제대로 한 번 해볼까요?

깊은 소리를 내기 위한 복식호흡 훈련

이 훈련은 가장 오랜 시간 습관화하는 노력이 필요하지만 당신의 목소리에 가장 큰 힘을 실어줄 자산이 될 것입니다.

일단 한 손은 배에, 한 손은 흉부에 올려놓으세요.

배에 올려놓은 손은 배의 움직임을 느끼기 위함이고 흉부에 올려놓는 손은 흉부가 움직이지 않게 감시하는 역할을 하기 위함입니다.

자, 이제 E.T처럼 배가 볼록하게 나오도록 천천히 숨을 마십니다. 마음속으로 약 5초 정도를 세면서 들이마셔 보세요. 그리고 약 3초간 정지한 후 입으로 호흡을 뱉어냅니다. 호흡을 내뱉는 방법은 윗니와 아랫니를 붙인 후 '스으~' 하고 발음하면서 이와 이 사이의 아주 좁은 간격 사이로 숨이 조금씩 나올 수 있도록 하면 됩니다. 숨을 균등하게, 그리고 길게 내뱉도록 노력하되 끝까지, 남아 있는 숨이 없을 때까지 하는 것이 중요합니다.

한 번에 숨을 확 뱉어버리면 소리 역시 그렇게 짧고 굵게 끝나게 됩니다. 그러니 다시 한 번 강조하지만 숨을 아껴서 일정한 양을 뱉으려고 노력하고서 절대 중간에 숨을, 소리를 끊지 않은 채 배가 아파서 더 이상 할 수 없다는 느낌이 들 때까지 길게 숨을 내뱉습니다. (이 훈련을 할 때 얼굴이 빨개지지 않거나 땀이 나지 않는 다면 제대로 된 훈련이 되지 않은 거예요!)

호흡을 내뱉을 때 손가락을 세어보면 몇 초 정도 숨을 내뱉는지 알 수 있습니다. 대략적이긴 하지만 계속해서 그 시간이 늘고 있음을 느낄 수 있을 겁니다.

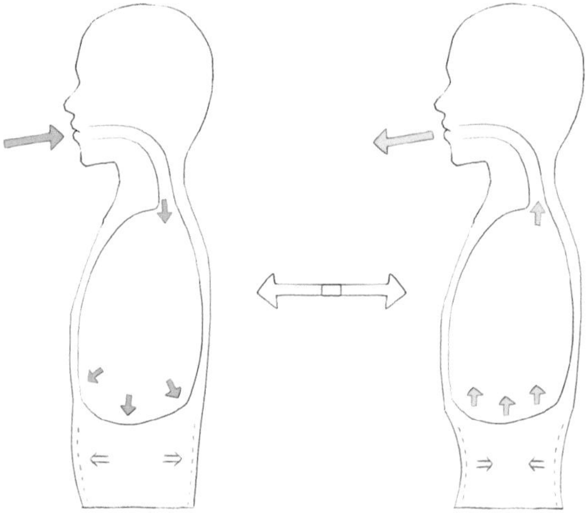

숨을 들이마시면 배가 불룩해진다.

숨을 내쉬면 배가 들어간다.

피타고라스 공식보다 쉬운 발성과 발음의 간단한 공식

복식호흡 연습이 끝났다면 이제 그 호흡을 소리로 연결시킬 차례입니다. 의외로 발음이 어렵다고 하는 분들이 많습니다. 발음의 기본 원칙은 입모양을 정확하게 하는 데에 있습니다.

물론 선천적으로 입안이 작아 발음이 잘 안 되는 분도 있을 수 있습니다. 이런 경우는 나무젓가락을 물고 입안을 인위적으로 넓혀서 연습하는 것이 도움이 됩니다. (발음을 좌지우지하는 혀의 기능을 위해서도 도움이 되는 훈련입니다.)

하지만 대부분의 사람들은 꼭 무언가를 물고 연습할 필요는 없습니다. 그저 한 단어 한 단어 최선을 다해 글자 모양 그대로 읽어주는 연습을 하는 것이 가장 큰 도움이 됩니다.

특히 우리는 앞서 호흡을 연습했기 때문에 큰 소리의 발성과 함께 정확한 입모양을 내서 천천히, 아이가 말을 익히는 것처럼 연습하다가 조금씩 빠르게, 그리고 그 간격을 좁히며 연습하는 훈련이 필요합니다. 또한 수시로 혀로 입안을 구석구석 움직이며 운동을 해주는 것도 도움이 됩니다.

자, 큰 소리로, 큰 입모양으로 따라해볼까요?

아! 에! 이! 오! 우!

그 다음은 입술을 '푸르르~~~' 떨어줍니다. (안 되는 분들은 오른손의 엄지와 검지를 입꼬리 근처에 대고 위로 살짝 당기며 해주세요. 신기하게도 정말 잘 됩니다.)

마지막으로 혀를 입천장, 볼 양옆, 입 전체를 쓸면서 돌려줍니다.

이 간단한 세 가지 훈련이 발음에 진짜 도움이 될까요? 믿어보세요. 적어도 긴장된 상태에서 말하다가 입안이나 혀를 깨물어 피가 나는 일은 없을 거예요. 말이 꼬이지 않고 부드럽게 잘 되는 것은 덤이라 할 수 있습니다.

매일 2분의 연습 배신하지 않는 2분의 축적

'방법은 알겠는데 과연 이 훈련을 잘, 그리고 꾸준히 할 수 있을까?'

갑자기 머릿속이 복잡해지며 생각이 더욱 많아질 겁니다. 가장 좋은 방법은 습관을 들이는 것인데 그러려면 최대한 쉽게 할 수 있는 방법으로 하는 게 좋겠지요. 다행히 복식호흡은 편히 누워서 훈련할 수 있어요. 그러니 핑계 대지 말고 연습해봅시다.

TV를 보면서 해도 좋고, 자기 전, 혹은 잠깐 누워 쉬고 있을 때도 의식적으로 배에 한 쪽 손, 가슴에 나머지 손을 얹고 배의 움직임을 느끼며 복식호흡을 해봅니다. 숨을 들이마실 때는 배가 부풀어 올랐다가 숨을 내쉴 때는 배가 푹 들어갑니다. 다시 한 번 아이의 모습을 상상해보며 천천히 해보세요. 쌔끈쌔근 자는 아이처럼 배를 한껏 부풀어 올렸다가 내리기를 반복하며 복식호흡의 감을 익힙니다. 어느 정도 느낌을 알겠다 싶으면 그 다음은 앉은 자리에서, 또 그 다음은 서서 하루에 2분씩 3번 훈련합니다. 하루에 겨우 10분도 안 되는 습관을 들이는데 도움이 될까 의구심이 들기도 하겠지만 분명 호흡의 기본을 탄탄히 할 수 있을 것입니다.

호흡에 감이 잡혔다면 이어서 발성과 발음 훈련을 합니다. 이를 위해 신문 사설을 또박또박 크게 읽어보실 것을 권합니다. 신문 사설은 문장이 긴 데다가 단어도 어렵기 때문에 눈으로만 읽을 때에도 쉽지 않습니다. 그 어려운 문장을 정확한 발음으로 한 호흡에 읽는다면? 당신은 이미 스피치 전문가가 되었다고 해도 과언이 아닐 거예요. 저 역시 사설 읽기가 부담스럽지 않을 즈음 아나운서가 되었답니다.

자! 이제 이걸 하루 2분씩 해볼까요? 이명옥의 《욕망의 힘》이라는 책의 한 구절처럼 이미 우리에겐 위대한 장롱 날개가 숨어 있습니다. 어릴 적 사용했던 그 날개를 이제 근사하게 펼쳐보세요. 자투리 시간을 이용해 내면의 힘을 이끌어내면 최고의 전문가가 될 수 있습니다. 지금부터 시작!

"생각해보면,
우리에게는 접어두고 한 번도 사용하지 않았던
장롱 날개가 있다.
위대한 가능성이 내면에 잠들어 있는데
날개가 녹슬기 전에 조나단처럼
비행연습을 시작해야겠다."

-《욕망의 힘》 중에서

말의 실수를 막아주는 말의 브레이크

말 잘하는 사람에 대한 기준이 있을까요? 여러분은 말 잘하는 사람을 어떻게 정의하고 있습니까? 혹시 말을 청산유수처럼 술술술 잘하는 사람을 생각하고 있진 않은지….

그런데 알고 있나요? 말을 잘하는 사람이 저지르는 실수 대부분은 오히려 너무 많은 말을 하기 때문이라는 것! 끝이 없을 것처럼 길게, 장황하게 말하는 것을 좋아하는 사람의 이야기를 흥미롭게 들어줄 사람은 단언컨대 세상에 존재하지 않습니다.

아무리 유익한 이야기라도 너무 길면 사람의 이목을 모으지 못합니다. 멋진 음악회나 행사에서 내빈들의 축사가 길어지면 야유가 터져 나오는 경우가 있지요? 정말 좋은 이야기이고 귀한 이야기이지만 그것이 길어지면 집중력이 떨어지고 또 지루하게 느끼기 마련입니다.

자, 그럼 나의 말에 집중할 수 있게 하는 방법은 무엇일까요? 아주 손쉽게 집중을 이끌어내는 비밀병기가 있습니다. 그것은 '필요한 말 앞에 쓰는 브레이크'입니다. 무슨 말이냐고요?

여러분이 하고자 하는 말 중 가장 집중이 필요한 말 앞에, 강조를 하고 싶은 말 앞에서 잠시 쉬는 겁니다.

예를 들어 한 회사의 포럼 행사장에서 축사를 하거나 연설을 할

때 그 포럼의 의미를 강조하고 싶다고 가정해보면,

"귀한 시간을 내어 함께 해주신 여러분, 진심으로 고맙습니다. 이 포럼의 의미는 … (약 3초 정도 쉬기) ○○○이라고 할 수 있습니다."

이런 식으로 연습해보는 거죠. 친한 친구나 동료 앞에서만 연습해보아도 갑자기 생긴 고요함에 생각지도 못한 고도의 집중이 생기는 것을 느낄 수 있을 것입니다.

처음엔 이 잠깐의 고요가 스스로 더 어색해서 당황할 수 있습니

목사님들이 설교하는 모습을 보노라면, 졸고 있는 성도를 깨우기 위해 큰 소리를 칠 때가 많지만 이 경우 대부분 놀라서 잠이 깨긴 해도 그 내용을 기억하지 못할 때가 더 많습니다.

다. 하지만 한 번 해보고 나면 그 놀라운 효과를 느낀다면 아마 계속해서 이 방법을 쓰게 될 거라 확신합니다.

표정과 몸짓은 말보다 더 강하다

메러비안의 법칙에 대해서는 이미 앞에서 수차례 이야기했지요? 이번에는 이에 근거하여 38%를 차지하는 목소리와 55%를 차지하는 표정과 몸짓의 상관관계를 알아보려 합니다. 근사한 목소리와 표정은 무슨 관련이 있는 것일까요?

무려 38%와 55%를 차지해서 사람에게 93%의 영향을 주는 이 두 가지 토끼를 잡을 수 있다면 거의 100%에 가까운 모든 걸 갖게 되는 거나 마찬가지입니다. 게다가 근사한 목소리는 근사한 표정을 만들고 근사한 표정은 근사한 목소리를 만드니 한 마리 토끼를 잡으면 두 마리 토끼를 잡는 것이나 마찬가지죠.

그럼 여기서 잠깐, 목소리와 표정은 얼마만큼의 상관관계가 있느냐고요? 실제로 저는 라디오 DJ를 하거나 내레이션 녹음을 할 때, 기쁜 내용이면 그 어떤 상황보다 기쁜 표정을 지으며 말을 했고, 슬픈 내용이면 스튜디오의 불을 다 끄고 그 감정에 몰입하여 눈물을 글썽이며 녹음을 했습니다. 어차피 얼굴이 보이지도 않는 라디오 방송인데 왜 그렇게 했을까요? 목소리에는 표정이 반영되기 때문입니다.

발표에 자신이 없다면! 누군가와 말을 할 때 자기도 모르게 목소리가 작아진다면! 앞에서 배웠던 호흡법과 2분간의 사설 읽기와 함께 목소리에 표정을 담는 훈련을 합니다. 방법은 간단합니다.

거울 앞으로 갑니다. 그리고 머릿속에 어떤 상황을 그립니다. 상사 앞에서 발표해야 하는 자리라거나 사랑하는 연인에게 사랑을 고백하는 상황 등등. 즐겨 보는 드라마가 있다면 그 드라마의 대사를 이용해도 좋습니다.

그런 다음 거울을 보고 말을 하는 겁니다. 표정을 듬뿍 담아서요. 슬픈 표정, 기쁜 표정, 화난 표정, 시무룩한 표정…. 그 상황에 맞는 제스처도 넣어보세요. 그렇게 해서 자신감이 붙으면 적어도 당신은 자신의 의도대로 이야기를 전달할 수 있는 실력자가 될 것입니다.

지금 당장 거울 앞으로 가세요. 물론 거울 앞에서 우리가 짓곤 하는 예쁜 표정은 사실 누군가가 늘 바라봤던 여러분의 얼굴이 아닐 거예요. 이는 셀카를 찍었을 때의 나의 모습과 누군가가 찍어준 나의 모습이 왜 그리 다른지를 이해시켜주는 단서이기도 하지요.

말의 억양과 그에 따른 표정, 제스처를 꾸준히 훈련해봅시다.

대중 앞에서 떨지 않는 비결

방송국이라는 안전한 울타리를 나와 프리랜서로 광야에 나가겠다고 말했을 때, 저를 아끼는 많은 사람들이 도시락을 싸들고 다니며 말려주었습니다. 하지만 하고자 하면 꼭 해야 할 만큼 저는 고집도 센 데다가 스스로에게 더 열심히 공부할 수 있는 자극을 주고 싶었기에 프리랜서의 길을 택했습니다. 그리고 벌써 3년이란 시간이 지났습니다.

아주 작은 인터넷 방송국의 내레이터부터 교통캐스터, 리포터, MC, DJ 아나운서 등등 정규직, 계약직, 프리랜서 생활을 다 합하면 벌써 방송 분야로 일한 지 9년차이고 그 햇수만큼 수없이 많은 행사의 진행을 맡아왔습니다. 행사를 처음으로 진행하던 날에는 마이크에서 나오는 내 목소리에 적응이 되지 않아 버벅대기도 했지요. 사람들의 웅성거림도 신경이 쓰이고, 불편한 옷이며, 수시로 바뀌는 내빈들… 그야말로 기계 같은 딱딱한 모습으로 진행했던 힘든 경험이 떠오릅니다.

또 어떤 행사에서는 국기에 대한 경례를 하는데 무대 위에 국기가 없어서 진땀을 뺐었고요, '세계 물의 날' 행사에서는 예정에 없던 폭우가 쏟아지면서 원고가 젖고 잉크가 번져 시나리오 없이 진행해야 했습니다. 비보다는 식은땀에 온 몸이 젖었던 경험이었죠.

얼마나 많은 일이 벌어졌었는지 에피소드만 모아도 사실 이 책의 100페이지쯤은 채울 수 있을 정도예요. 하지만 한 번 한 실수는 적어도 다시는 하지 않게 되죠. 이를 '실수에서 배운다'고 할 수 있을 것입니다. 다 경험에서 배우는 거죠.

이제 저는 몇백 가지의 실수 사례를 피할 수 있는 꽤 노련한 진행자가 되었습니다. 하지만 앞으로도 수없이 예상치 못한 실수들을 해나갈 것이라 생각해요. 그래도 그것을 두려워하지 않는 것. 그것이 대중 앞에서 떨지 않는 비결이 아닐까 합니다.

Im의 놀라운 힘

I am은 가장 강력한 단어라고 할 수 있어요. 그 뒤에 무엇을 놓느냐에 따라 현실이 되기 때문이죠.

나는 무엇을 먹고 싶어요. / 나는 무엇을 사고 싶어요.
나는 무엇을 갖고 싶어요. / 나는 무엇이 되고 싶어요.

어른이 된다는 건 이런 문장을 잘 이야기하지 못하게 되는 것 아닐까요?
어렸을 땐 "아이스크림이 먹고 싶어요.", "바비 인형 사주세요." 등등 말하고 졸라 그것을 꼭 쟁취하곤 했는데 말이지요.
그 기억이 참 좋아서 사실 전 어른이 되어서도 이런 말들을 곧잘 하곤 했습니다. 그리고 그것이 저의 성장을, 아니 정확히 말하면 내가 갖고 싶은 것을 갖고, 하고 싶은 것을 하는 원동력이 되었지요.
하고 싶은 것을 말하는 데에는 다른 이들보다 특별한 재능이 필요하지 않습니다. 돈과 배경이 필요한 것도 아니지요. 그냥 말하면 됩니다.
아나운서를 준비할 때도 사람들의 눈치를 보지 않고 당당하게 하고자 하는 것, 필요로 하는 것을 말했습니다. 그러자 많은 사람들이 저의 꿈과 저의 당당한 필요를 인정하고 도와주었습니다. 지금은 스스로도 놀랄 만큼 많은 것들이 제 옆에 있습니다.
자, 지금 펜을 꺼내서 한 번 적어보세요. 어느 순간 내가 갖고 싶어 했던 물건, 내가 이루고 싶었던 꿈이 눈앞에 펼쳐져 있을 것입니다.

I AM …

좋아하는 음식

갖고 싶은 것

이루고 싶은 꿈

꿈을 이루면 하고 싶은 것

원한다면 표현하라

정말 가고 싶은 북콘서트가 있었습니다. 빨리 예매해야지 하고 생각만 하곤 정신을 빼놓고 며칠이 지나고 나니 역시나 매진! 여기저기 수소문해보아도 도저히 표를 구할 수가 없었지요. 그래서 마지막 수단으로 SNS에 글을 올렸습니다. '혹시 모르지 않나? 밑져야 본전인데.' 하는 생각으로요.

그런데 정말 하루가 지나서 아는 원장님께서 메시지를 보내왔습니다. 귀찮을 수도 있는 일이지만 내 간절한 글이 생각났던지 바로 연결해주셨고 저는 정말 보고 싶었던 콘서트를 갈 수 있었답니다.

만약 생각만 하고 간절히 원함을 표현하지 않았다면 어땠을까요? 표를 버려야 했던 그 분도, 너무 가고 싶었던 나도 참 답답했을 상황이었을 것입니다.

이건 아주 작은 하나의 에피소드에 불과할지 모릅니다. 하지만 제 인생을 돌아보면 하고자 하는 걸 말하거나 썼을 때 엄청난 일들이 있어났었죠! 지금의 아나운서가 된 것도 말이에요.

아직은 말하는 게 쑥쓰럽다고요? 그럼 쓰세요. 지금 당장 여러분의 노트 혹은 SNS에 원하는 걸 한 번 써보세요. 생각보다 여러분이 원하는 것이 가까이 오게 됩니다. 제가 아나운서가 된 것도 말하고 써서 된 거라는 데 밑져야 본전 아니겠어요?

03

자신감은 창피함을 감수하는 용기다

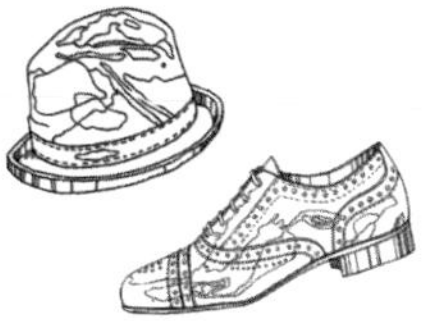

강의를 할 때마다 "나와보세요!"라고 하면 한 사람도 쉽사리 손을 드는 사람이 없습니다. 심지어 강의를 하는 동안에는 한 번도 입을 안 떼던 분들이 강의가 끝나면 벌떼같이 몰려와 이것저것 계속 물어보아서 놀랄 때가 한두 번이 아니었죠.

이는 그만큼 멍석을 깔아주면 나서는 이가 없다는 것인데, 아마도 다른 사람을 너무 의식해서가 아닌가 싶어요. '혹여 실수라도 하면 너무 창피할까 봐'라는 생각이 머릿속을 지배하는 것이겠지요. 하지만 앞에 나와 일대일 지도를 받는다는 것은 얼마나 큰 도움이 되고 좋은 경험인가요.

최근 《미움받을 용기》라는 책이 베스트셀러입니다.

미움 받을 용기까지 내보겠다는 분들이 까짓 거! 미움도 아닌 약간의 창피함을 감수하는 건데요. 창피 받을 용기, 어떠세요?

그들이 잠시 웃는 시간이 여러분의 인생에서 크게 나쁜 영향을 끼치는 일은 아닐 것입니다. 오히려 자주 넘어지고 서는 것이 굳은살이 박이는 데 도움이 됩니다. 아예 넘어질 것을 각오하고 눈 한 번 질끈 감아 보세요! 그러기 위해 손부터 위로 업! 해보자고요.

힙합퍼처럼 "예요~~"

자신감을 키우는 가장 확실한 방법, 무대로 한 발짝 오르기

손을 들은 당신은 이미 주인공입니다! 이제 발을 들어 한 발짝, 한 계단씩 오르면 됩니다.

히말라야나 에베레스트에 오른다고 상상해보세요. 그곳은 내가 지금 있는 곳에 비해 공기가 턱없이 부족합니다. 그래서 그곳에 오르려면 '헉헉'대기 마련이지요. 이는 너무나 당연한 일입니다. 하지만 이러한 괴로움도 여러 번 하다 보면 어느 새 당신은 그 어떤 산도 척척 오르는 멋진 산악인이 되는 것입니다.

얼마 전 김수영 작가님의 강연에서 누군가가 히말라야 정상을 어떻게 올라갔냐면서 어떤 때가 가장 힘들었냐고 묻더군요. 그 질문에 대한 대답은 뜻밖에도 '출발하기 전 신발 끈을 묶을 때'였습니다.

히말라야 산을 등반하는 과정도, 고산증도, 추위도 아닌 가겠다고 결심하는 것이 가장 힘들었다고 한 그 말에 모두가 고개를 끄덕였던 시간! 아마 당신이 지금 그 신발끈을 묶기 전의 상황일지 모르겠군요.

2분의 완벽한 오프닝은 엔딩까지 근사하게 만든다

프리젠테이션이나 면접을 준비하는 당신! 처음부터 끝까지 너무도 완벽하고 싶은 마음에 시작조차 어려워하는 경우가 많을 것입니다. 그러나 긴 시간의 프레젠테이션을 완벽하게 준비하기란 여간 어려운 일이 아닐 터, 아무리 좋은 내용을 준비했다 하더라도 청중의 마음을 계속해서 붙드는 일은 불가능에 가깝습니다. 그러면 어떻게 준비해야 할까요?

완벽한 30~40분을 만들 수 없다면 근사한 2분을 만들어보는 겁니다. 사실 우리는 사람을 쉽게 판단하는 습관이 있는데 그 점을 역이용해보는 것이죠. 근사한 오프닝 2분을 보여주고 나면 청중은 2시간을 들어줄 마음의 준비를 할 것입니다. 즉 처음에 호감을 갖게 하면 당신의 어떤 이야기라도 집중하고 들어줄 거라는 거죠. 아무리 좋은 콘텐츠로 발표 준비를 했다 하더라고 처음에 호감을 사지 못하면 상대에게 그 내용이 전달되지 않습니다. 그러나 강렬하게 준비한 2분만 있으면 프리젠테이션이나 면접에서 상대를 집중시키고 성공적으로 끝내는 것은 불가능한 일이 아닙니다. 이는 단순히 프레젠테이션을 잘하고 못하고의 문제가 아닌 여러분의 인생을 바꿀 수도 있는 일이기에 당신이 갖고 있는 모든 에너지를 오프닝 2분에 집중해봅니다.

그럼, 그 2분은 어떻게 준비하면 좋을까요?

첫째, 간결하게
둘째, 표정과 몸짓까지 완벽하게
셋째, 어디서나 통하는 몇 개를 외울 것

어디서나 통하는 오프닝 공식

공식 : A(인사말) - B(본론) - A′(마무리)

[예] 축사 연설문

A : 참, 날씨가 좋습니다. 야외공연장에선 날씨가 늘 관건인데 오늘은 날씨마저도 하늘이 축복하듯 정말 화창하고 참 좋네요. 국화꽃이 만발한 이곳 ○○ 운동장에서 펼쳐지는 힐링의 축제! 국화 축제에 함께 해주신 여러분, 진심으로 고맙고 반갑습니다.

[Point] 이 정도의 날씨와 간단한 자기소개를 몇 개의 버전으로 만들어 외워둔다면 원고를 보지 않고도 자신감있게 말할 수 있음은 물론, 딱딱하게 서서 시작할 필요 없이 뮤지컬 배우나 연극배우처럼 무대에 올라서면서 자연스럽게 시작할 수 있습니다.

B : 여러분에게 이런 아름답고 의미있는 존재가 되고 싶네요. ○○의 ○○○입니다.

[Point] 하고 싶은 핵심적인 말을 하되 절대 길게 하지 않는 것이 포인트! 상황에 맞는 명언을 짧게 첨가해서 이야기하는 것도 좋으며 본론에서는 원고를 참고해서 침착하게 읽어내려가는 것도 나쁘지 않습니다. 오프닝에서 원고없이 말하는 자신감을 보여줬기 때문에 크게 딱딱하지 않습니다.

A′ : 시대가 점점 자연과 치유를 원하고 있는 엄혹한 시절입니다. 앞서 말씀드린 것처럼 이 좋은 날씨에 아름다운 자연과 힐링을 할 수 있는 국화꽃이 만발한 이곳 ○○운동장에서 그간 힘드셨던 일들 다 내려놓고 치유하며 맘껏 행복을 즐기다 가시기 바랍니다. 그럼 멋진 하루 보내세요. 저는 ○○의 ○○○였습니다. 고맙습니다.

[Point] A와 거의 비슷한 문장을 단어 순서만 바꿔서 반복했습니다. 앞서 외웠던 레파토리인데다가 어디서든 행사의 이름만 바꾸어 활용할 수 있으니 한 번 만들어두고 외운다면 평생 써먹을 수 있지 않을까요?

무대 위의 주인공이 되고자 한다면 무대에 올라라

좀 부끄럽기도 하지만 저는 작년에 뮤지컬 배우로 처음 관객을 만난 적이 있습니다. 〈사운드 오브 뮤직〉의 엘자 역이었는데 공연을 준비하면서 느꼈던 것은 2시간의 뮤지컬 공연 중 불과 내 대사가 10분 남짓이어도 공연이 끝나는 2달여 동안 거의 매일 함께 연습을 하며 시간을 함께 보내야 했다는 것입니다.

물론 저보다 대사와 노래가 많은 주인공은 더 많은 노력과 시간이 필요했겠지만 어찌되었든 하나의 작품이 무대에 오르기까지는 역할의 크기를 떠나 모든 사람이 그 역할을 정확히 이해할 수 있도록 어떠한 연습도 소홀함이 없어야 했습니다.

그때 느낀 것은 같은 시간, 같은 공간에 있다면 우리 모두는 주인공이며 무대에서는 가장 멋진 모습으로 주인공이 되어야 한다는 것이었죠.

저는 두 달 동안 철저히 엘자처럼 살았습니다. 역할을 정확히 소화하고 싶은 욕심에 요트를 선물할 수 있을 정도의 부잣집 아이처럼 턱을 올리고 다니며 캐릭터의 느낌을 살리려고 했고 말투도 화장도 그녀처럼 하려고 노력했습니다. 대령과의 관계에서도, 아이에게도, 마리아에게도 어색함 없는 몸짓을 위해서 그녀를 이해하려는 노력을 끊임없이 했지요. 그런 노력 끝에 무대에 올랐을 때 저는 그냥 '엘자'였습니다.

아나운서 이은경이 아닌 엘자로써 만난 관객들은 모두 나를 딱!

엘자 같은 여자라고 말했고 아무도 아나운서였던 나를 떠올리지 못했습니다. 어쨌든 무대에서 스스로를 주인공으로 만드는 건 바로 나 자신입니다. 인생의 무대에서 주인공이 되고 싶은가요? 그럼 어서 무대 위로 올라오세요!

당신을 가장 돋보이게 만들 무기는 무대 위에 있는, 그 무대에 가장 어울리는 역할로써의 자신감입니다.

04

그와 그녀와 그들과 통하지 않았던 이유

우리가 누군가를 만났을 때 가장 자주 듣는 질문 중 하나는 아마 이걸 것입니다.

"식사하셨어요?"

이 질문을 받았을 때, 당신은 어떻게 대답하나요?

"네, 먹었어요."
"아니요. 안 먹었어요."

물론 두 가지 대답만 하는 것은 아닐 것입니다.

자, 이쯤에서 저는 우리가 흔히 저지르는 실수를 말하고자 합니다. 왜 당신이 그와 그녀와 그들과 대화가 어려웠는지….

제가 무슨 말을 하려는지 눈치 챘나요?

그렇습니다. 당신은 대답만 했을 뿐, 질문은 하지 않았던 거죠.

"네. 먹었어요. 당신은 식사했어요?"

혹은

"아니요. 먹지 않았어요. 당신은요?"

라고 대답했더라면 당신은 최소 그 사람이 어떤 상황인지 알게 되었을 것이고 대화의 물꼬를 텄을 것입니다.

욕심을 더 내보자면 상대가 이 질문에 다시 대답을 하고 다시 질문을 해온다면 대화가 계속해서 오가게 되어 더 깊이 상대를 이해할 수 있게 되고 서로의 호감도도 올라갔겠지요. 그 이상의 대화가 오갈 수 있는 통로 또한 만들 수 있을 거고요.

이처럼 질문은 많은 것을 당신에게 가져다줍니다.

첫째, 상대의 상황을 알게 됩니다.

둘째, 그 사람을 더욱 관찰할 수 있습니다.

셋째, 호감을 주고받을 수 있습니다.

이렇게 좋은 질문하기! 사실 우리는 아주 어린 시절부터 질문은 '순서 주고받기'라는 것을 알고 있습니다. 말을 못하는 신생아 둘을 함께 두면 "따다다다다다다(?)"라는 알 수 없는 언어를 주고받잖아요? 그저 귀엽다고 지나치기엔 너무나 신기한 행동이지요.

하나 더! 당신은 질문에 대한 답을 해야 하는 타이밍을 어디로 잡고 있나요? 분명 상대의 말에서 억양의 높임, 즉 물음표가 붙은 지점으로 이해할 것입니다. 신생아들도 바로 이것을 알고 있는 것이죠. 억양을 낮게 내린다면 '순서 주고받기' 되지 않습니다. 억양을 올림으로써 상대에게 말할 순서를 넘기는 것! 간단하면서 놀라운 소통의 방법입니다.

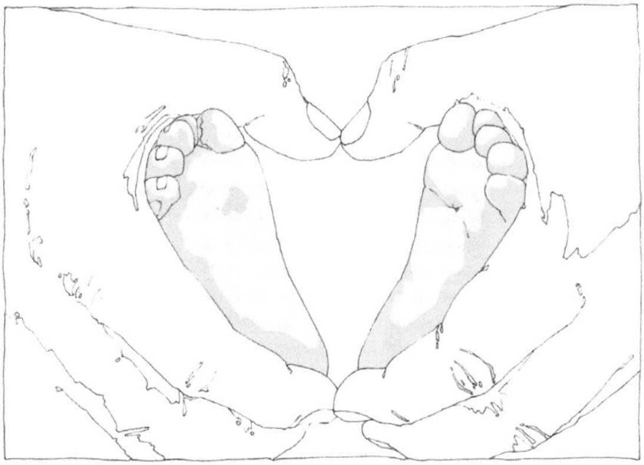

질문하기는 당신을 갑으로 만든다

질문을 한다는 것은 어떤 의미일까요? 우리는 호감이 없는 사람에게는 질문을 하지 않습니다. 또한 자세히 관찰을 하지 않는다면 질문을 하는 것도 쉽지 않습니다. 다시 말해 상대에게 호감을 가지고 관찰을 통한 질문과 칭찬을 하면 대화를 자연스럽게 이어나갈 수 있는 것입니다. 질문은 또한 당신이 원하는 방향대로 이끄는 힘이 있습니다. 우리가 상대에게 어느 정도 예상이 되는 대로 질문을 던진다면, 다음 질문 또한 준비해서 던질 수 있게 됩니다.

단답형 질문과 답의 예

A 질문 : 식사하셨어요?

B 대답 : 네. (혹은) 아니요.

[알 수 있는 사실] **먹었다, 먹지 않았다라는 단순한 사실을 알게 됩니다. 대화는 여기서 끝! 친밀감이 형성되지 않습니다.**

질문에 대한 대답과 그에 대한 추가 질문

A 질문 : 식사하셨어요?

B 대답 + 질문 : 네, 당신은요?

A 대답 + 질문 : 네, 전 먹었어요. 어떤 걸 드셨나요?

(혹은)

A 질문 : 식사하셨어요?

B 대답 + 질문 : 네, 당신은요?

A 대답 + 질문 : 아니요. 안 먹었어요. 어떤 걸 드셨나요?

[알 수 있는 사실] **'먹었다, 먹지 않았다' 라는 단순한 사실 외에도 어떤 음식을 먹었는지(대답에 따라 좋아하는지 여부 등의 정보도 덤으로 알 수 있다)도 알게 될 뿐 아니라 질문과 대답이 오가면서 친밀감이 형성됩니다. 관심이 없다면 우리는 질문을 하지 않을 것이기 때문입니다. 게다가 질문을 계속 이어가려면 관찰력과 관심이 상당히 생길 수밖에 없습니다.**

내가 듣고 싶은 말을 그들에게 하라
거울처럼 똑같이 반응함에 놀랄 것이다

남자보다는 여자들이 공감할 이야기! 친구를 만나러 가는 날! 유난히 머리가 잘 묶인다거나 화장이 잘 받아서 기분이 한껏 부풀어 오른 날이 있습니다. 이런 날은 많은 사람들에게 보여주고 싶은데, 이상하게도 길에서 우연히 아는 사람도 만나지지 않지요. 떡진 머리에 민낯일 때는 집 앞 슈퍼만 가도 아는 사람을 4~5명은 만나게 되는데 말입니다.

어쨌든 친구를 만났을 때, 당신이 원하는 말을 들을 수 있는 가장 쉬운 방법은 친구에게 "너 정말 예쁘다!"라고 먼저 말하는 것! 백발백중 그 친구는 이렇게 답할 것입니다.

"기집애, 네가 더 예뻐!"

물론 기집애라는 말은 친한 사이일 때 쓰이는 말입니다. 여자들의 호들갑일 수는 있겠으나 서로 좋은 말을 주고받는 것이 나쁘게 느껴지진 않습니다. 그리고 단순히 여자들만의 이야기가 아닐 수도 있지요.

남성에게도 새로 바뀐 안경테나 넥타이 혹은 머리스타일을 칭찬해보세요! 크게 내색은 안 할지 모르지만 자신의 기분 좋음을 당신에게 거울처럼 보여줄 것입니다.

이익을 얻기 위한, 사람이 마음을 얻기 위한 입바른 말이 아니라 진실된 관심과 칭찬으로 더욱 좋은 말들이 오가게 되었으면 하는 바람입니다.

닮고 싶은 사람을 따라하는 것은 최고의 공부

"말을 재미있게 하는 사람을 좋아하세요?"

이렇게 물어보면 대부분 그렇다고 합니다. 그러고 나서 "말을 잘 들어주고 잘 받아쳐주는 사람은요?"라고 물어보면 이번엔 고개까지 끄덕이며 격하게 긍정의 반응을 보여주곤 합니다.

그렇습니다. 말 잘하는 사람, 유머 있는 사람은 상대방을 즐겁게 합니다. 그런데 그보다 더 환영받는 사람은 잘 들어주는 사람입니다. 힘들고 외로울 때 들어주는 것만큼 좋은 선물은 없으니까요.

하고 싶은 말이 많은데 축하받거나 위로받고 싶은 일들이 있는데… 말할 곳이 없다고 생각해보세요. 이럴 때 잘 들어주며 호응해

주는 사람이 있다면 얼마나 좋던가요?

그런 의미에서 말 잘하는 사람과 잘 들어주는 사람의 예를 들어 보면서 여러분의 이해를 돕고자 합니다. 여러분이 잘 알고 또 사랑하는 방송인 강호동, 전현무 아나운서, 이금희 아나운서, 유재석입니다.

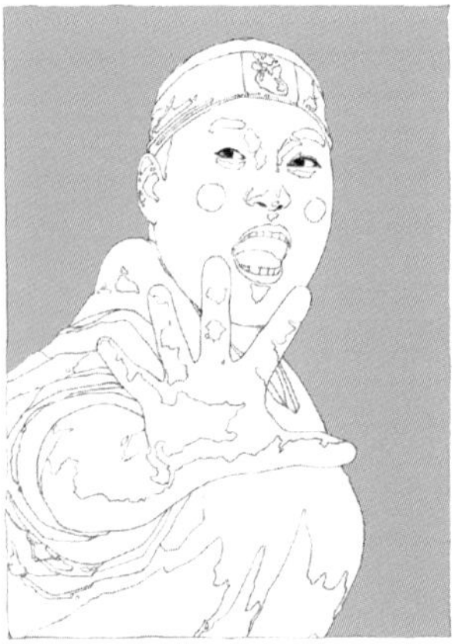

강호동 스타일 해결이 된 것 같진 않지만 왠지 시원한 그의 언변! 호불호가 있나 참 호탕하다. 따뜻함보다는 속이 뻥 뚫리는 언어를 구사한다. 천하장사 출신답게 말에 힘이 있고 강함이 있다. 더러 너무 강한 언변은 귀를 거슬리게도 하지만 미사어구가 많지 않고 말의 다이어트를 확실히 잘하는 사람 중 하나다.

전현무 스타일 흥미와 재미로만 빠질 수 있는 이야기를 멘사 출신 아나운서답게 잘 정리해준다. 이야기가 재미없게 질질 늘어진다 싶으면 짧은 임팩트 있는 한 마디로 방송을 살린다. 하지만 가끔은 개그맨인지 아나운서인지 분간할 수 없을 만큼 경계가 모호하다. 요즘은 개그 쪽으로 더 많이 치우친 느낌. 진정성 있는 따뜻한 한 마디가 점점 아쉽다.

이금희 스타일 여성 아나운서 중에 그녀의 따뜻함을 따라올 사람은 없는 듯하다. 아이 유모차 앞에서 무릎을 꿇고 다정다감하게 말을 건네는 그녀. 아이도 그 따뜻함을 느낀 것일까? 생방송 중에도 칭얼댐이 없다. 그녀에게는 몸매도, 나이도, 사생활도 중요하지 않다. 다정다감한 목소리와 몸짓을 오래오래 보여주고 들려주면 좋겠다.

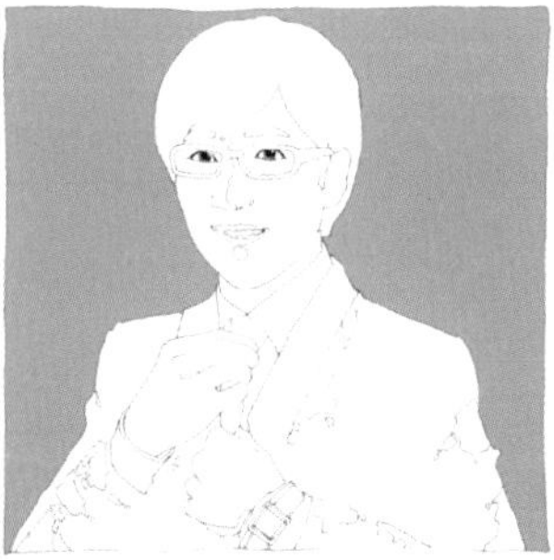

유재석 스타일 그에 대한 칭찬과 말을 하기에는 입이 아플 정도 . 언변에 있어서도 그의 따뜻한 정리와 배려에 대해선 대한민국 국민이라면 모르는 이가 없을 정도다. 예를 들어보자면 이런 거다. 한 프로그램에서 여학생이 신발 끈이 풀려서 무대 세트 뒤쪽에서 불편하게 신발끈을 묶으려고 하자 자신의 발을 올려주는 센스~! 무대포적인 다정함도, 스튜디오를 살리기 위한 억지웃음도 아닌, 그는 그 자체로 살아있는 태어나자마자 '방송인' 라고만 느껴진다.

하지만 그는 가장 오랜 기간 무명 시절을 겪었고, 마이크 공포증을 가장 심하게 앓았던 사람 중에 하나였다. 그러니 메뚜기 시절의 그를 기억하며 우리도 힘내 보기로 하자. 인격만큼은 어쩔 수 없다 치더라도 마이크 울렁증만큼은 노력해서 된다는 것 아닌가?

05

자존감을 키우고 자신감을 얻는 방법

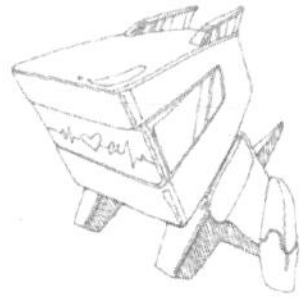

무엇이 가장 당신을 힘들게 하나요? 순간순간 벌어지는 일 자체로는 힘든 시간이 길지 않습니다. 그 사건이, 생각들이 머릿속에 잔재하면서 우리를 더 힘들게 하는 것이지요.

다시 말해 그 일에 대한 사실fact보다는 그 사실에 따른 이야기story, 예를 들어 '내가 바보스러워서 벌어진 일이야.'라고 자책한다거나 그 일이 트라우마가 되었을 때 자존감이 떨어지고 새로운 일에 대한 도전이 망설여지는 것입니다. 게다가 그런 일이 한 개가 아니라 두서너 개를 넘어선다면 어떤 일을 하는 데 있어 산 같은 걸림돌이 되어 버립니다.

그러므로 우리는 사실과 스토리를 구분해야 할 필요가 있습니다. 이는 자존감 회복과 연결되고 결국 당신의 이미지를 연출하는 데 큰 영향력을 발휘하게 됩니다.

사실과 스토리를 구분하기

사실과 스토리를 구분하는 일은 어렵게 느껴지지만 생각보다 쉽습니다. 지금 당장 연습장이나 빈 종이 하나를 꺼내어 가운데를 접어 두 단락으로 나누어보세요.

사실	스토리

지금부터 진실과의 싸움이 시작됩니다. 왼쪽란에는 사실을 적어 내려가기 시작합니다. 자신을 괴롭혀 왔던 지난 과거, 심지어 아주 어릴 적 가물가물한 기억도 좋습니다. 4~5살 때의 기억부터 꺼내 보기 시작합니다.

예) 아버지가 나를 때렸다.

자, 다음은 스토리를 적을 차례입니다.

예) 아버지가 때렸으니 아버지는 나를 싫어한다.

느꼈나요? 당신을 괴롭혀 왔던 것은 사실이기보다 주로 당신의 내면에서 만든 이야기입니다. 우리는 수없이 많은 이야기들을 생활 곳곳에서 쉼없이 만들어냅니다. 심지어는 지나가는 모르는 사람이 바라봤다는 사실 하나만 가지고도 나를 얕잡아봤다는 이상한 스토리를 만들어 범죄를 저지르기도 합니다.

그러고 보면 우리 모두가 소설가는 아닐는지…

예쁜 소설을 쓰기에도 모자란 세상에 너무 많은 추리소설과 범죄 소설을 쓰고 있지는 않은지 스스로를 점검해보아야겠습니다.

당신만큼 그도 당신이 어렵다
먼저 다가가라

사실과 스토리의 구분이 명확하게 되긴 힘들지만 당신이 혹은 상대방이 얼마나 많은 스토리를 만들고 있는지 조금이라도 깨달았다면 조금은 마음을 열 준비가 된 것입니다.

이제 다음 단계는 당신이 스토리를 만들어 피했던, 혹은 힘들게 했던 상대에게 먼저 다가가 보는 것입니다. 정말 신기한 경험을 하게 될 것입니다.

당신이 어떤 사건에 대한 당신의 스토리를 솔직하게 말하고 다가갔을 때, 상대방 역시 그러한 자신의 스토리를 말하며 미안해하거나 공감하거나 함께 얼싸안을 것이라는 거죠.

사람의 감정은 일방통행일 수가 없습니다. 내가 상대를 힘들게 했다면 당연히 상대방은 그것을 느꼈을 것이고, 그 역시 당신에게 벽을 치거나 또 다른 스토리를 썼을 것입니다.

먼저 다가가 보세요! 생각지도 못한 진심의 선물을 받을 것입니다. 앞으로 함께 할 시간의 선물까지 말이죠 .

진심을 이기는 것은 없다
햇살 같은 말로 상대와 통하자

'열길 물속은 알아도 한 길 사람 속은 모른다'는 말이 있습니다. 사람 속만큼 어려운 속이 있으려나? 그런데 어렵다고 해서 그냥 무작정 '모르겠어!'라며 내 멋대로 상대를 판단하고 대한다면 그 골은 점점 깊어질 수밖에 없습니다. 이런 동화도 있지 않던가요.

바람과 해의 내기!

사람의 외투를 벗기는 건 태풍의 세찬 바람이 아니라 따뜻한 햇살이었습니다. 세찬 바람이 불수록 사람은 더욱 힘껏 옷깃을 여미게 되지요.

햇살처럼 따뜻한 마음으로, 진심으로 다가가 이야기해봅시다. 상대의 마음을 알 수 있는 가장 효과적인 방법입니다.

이미지 관리를 최대한 쉽게, 실생활에서 활용할 수 있게 하려면 어떻게 해야 할까? 이 책을 쓰는 내내 제가 던진 화두입니다. 저는 그 답을 성공한 사람들에게서 찾았습니다. 공자의 이미지 메이킹 방법! 미국 대통령 오바마의 악수법! 반기문 UN사무총장님의 일대일 눈 맞춤법과 헐리우드 한 여배우의 카메라 보는 법! 빌 클린턴 대통령의 배꼽방향 인사법 등 성공한 사람들의 이미지 메이킹 전략을 전달하고 그들의 이미지 관리법을 분석하여 이미지 관리에 대한 힌트를 얻고 실제로 활용할 수 있도록 말이지요.

사실 한 권의 책으로 자신의 이미지를 관리한다는 건 쉬운 일이 아닙니다. 하지만 자신의 이미지에 대한 고민이 있으신 분, 이미지의 중요성은 잘 알고 있지만 이미지 관리가 어려우신 분, 이미지에 대해 알고는 있지만 적용이 어려우신 분에게 조금이라도 도움이 되었으면 좋겠습니다.

구재희

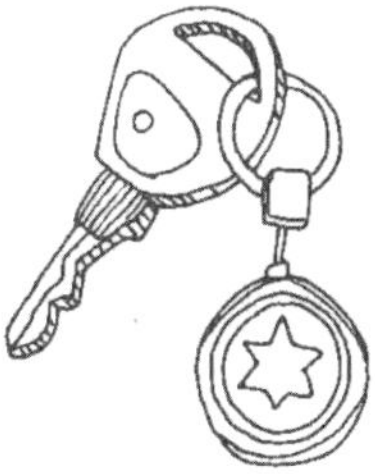

모든 사람은 선물 같은 시간, 선물 같은 존재로 살아갑니다. 그러나 어떤 모습으로 살아가느냐에 따라 그 선물 본래의 가치는 달라질 수 있지요.

선물은 그 자체만으로도 훌륭하지만 거기에 리본이 달려 있다면 훨씬 더 근사해질 것입니다. 그러므로 선물 같은 당신의 존재에 '따뜻한 소통의 리본'을 달아보세요. 그리고 여러분의 삶이 얼마나 근사해질지 상상해보기 바랍니다. 기대가 되지 않나요? 저는 이 책이 당신의 '근사한 리본'이 되는 데 일조를 했으면 좋겠습니다.

저에겐 그보다 더한 기쁨이 없을 테니까요. 부족한 책이지만 가장 힘이 들 때 생각지도 못한 힘을 주는 그런 책이 되길 바라요. 마음을 책 한 장 한 장에 담은 제 응원이 전달되길 바라며 여러분 모두에게 행운을 빕니다. 홧팅!

이은경

보이는 대로
말하는 대로
당신이 된다
성공한 사람들의 이미지&스피치 전략

초판 1쇄 발행 2015년 11월 30일

지은이 구재희, 이은경
펴낸이 윤주용
일러스트 김지현

펴낸곳 초록비책공방
출판등록 2013년 4월 25일 제2013-000130
주소 서울시 마포구 월드컵북로 400 문화콘텐츠센터 5층 19호
전화 0505-566-5522 팩스 02-6008-1777
메일 jooyongy@daum.net

ISBN 979-11-86358-04-7 03190

* 정가는 책 뒤표지에 있습니다.